責任

挑戰未來公民

Responsibility

Center for Civic Education　原著

財團法人民間司法改革基金會—法治教育向下紮根中心　策劃出版

國家圖書館出版品預行編目資料

挑戰未來公民：責任 / Center for civic
　　education原著；吳愛頡譯. -- 初版.
　　-- 臺北市：民間司改會，五南，2007.12
　　面；　公分. --（民主基礎系列）
　　譯自：Foundations of democracy：
　　　　　authority, privacy, responsibiliby, and justice
　　ISBN 978-957-97664-2-5 （平裝）

　　1.公民教育　2.民主教育　3.責任

　　528.3　　　　　　　　　　96021491

4T26

挑戰未來公民──責任

民主基礎系列

原著書名：Foundations of Democracy：Authority, Privacy, Responsibility, and Justice
著 作 人：Center for Civic Education（http://www.civiced.org）
譯　　者：吳愛頡
策　　劃：黃旭田、張澤平、林佳範
系列總編輯：洪鼎堯
本書總編輯：李岳霖
法治教育向下扎根中心
顧　　問：蘇俊雄、賴崇賢、康義勝
諮詢委員：民間司法改革基金會代表：黃旭田、林佳範、高涌誠、洪鼎堯
　　　　　台北律師公會代表：李岳霖、黃啟倫、張澤平、謝佳伯
　　　　　扶輪代表：張迺良、周瑞廷、陳俊鋒、周燦雄
編輯委員：劉金玫、陳麟祥、黃盛傑、王麗玲、陳韻如
責任編輯：許珍珍、李奇蓁
設計完稿：P.Design視覺企劃
出 版 者：財團法人民間司法改革基金會 Judicial Reform Foundation
　　　　　法治教育向下扎根中心 Center for Law-Related Education（www.lre.org.tw）
出版者電話：(02) 2521-4258 傳真：(02) 2521-4245
出版者地址：104台北市中山區 松江路90巷3號7樓（財團法人民間司法改革基金會）
　　　　　Fl.7,No.3,Lane 90,Sung-Chiang Rd.,Taipei,Taiwan
　　　　　104台北市松江路100巷4號5樓（法治教育向下扎根中心）
　　　　　Fl.5, No.43, Lane 100, Sung-Chiang Rd., Taipei, Taiwan
合作出版：五南圖書出版股份有限公司
發 行 人：楊榮川
地　　址：106台北市大安區和平東路二段339號4樓
電　　話：(02)2705-5066（代表號）
傳　　真：(02)2706-6100
劃　　撥：0106895-3
網　　址：http://www.wunan.com.tw
電子郵件：wunan@wunan.com.tw
法律顧問：元貞聯合法律事務所　張澤平律師

版　　刷：2007年12月初版一刷
　　　　　2013年10月初版四刷
定　　價：150元

挑戰未來公民—出版緣起

民間司法改革基金會法治教育向下紮根中心副主任　張澤平律師

　　本書原著是美國公民教育中心（Center for Civic Education；http:www.civiced.org）所出版的「民主的基礎：權威、隱私、責任、正義」（Foundations of Democracy：Authority、Privacy、Responsibility、Justice）教材中，適用於美國6至9年級學生的部分。原著的前身則是美國加州律師公會在1968年，委託設於加州大學洛杉磯分校(UCLA)的公民教育特別委員會，所發展的「自由社會中之法律」(Law in a Free Society)教材。教材的發展集合律師及法律、政治、教育、心理等專業人士共同開發而成，內容特別強調讀者的思考及相互討論。原著架構歷經將近四十年的淬鍊，目前已廣為世界各國參考做為公民教育、法治教育的教材。出版者有感於本書的編著結合各相關專業領域研發而成，內容涉及民主法治社會的相關法律概念，所舉的相關實例生動有趣，引導的過程足以帶動讀者思考，進行法治教育卻可以不必使用法律條文，堪稱是處於民主改革浪潮中的台灣社會所不可或缺的公民、法治、人權、品德教育參考教材，因此積極將其引進台灣。

　　這本書的主題——「責任」，是公民社會展現活力的基礎。惟有人人善盡責任，社會活動才會順利運行，社會中的個人由此凝聚成發揮各種功能的有機體。書中鮮少有空泛的論述，取而代之的是一個一個發生在社會中的實例及問題，以及解決問題的思考工具（Intellectual Tool）。書中從不直接提出問題的答案，而希望師長帶著學生，或讀者彼此之間，在互相討論的過程中，分享、思考彼此的想法，進而紮實的學習領會書中所討論的觀念。討論不僅可使這些抽象觀念更容易內化到讀者的價值觀裡，討論的過程更可匯集眾人的意志，進而訂定合理的規範，是民主法治社會中最重要的生活文化。（歡迎讀者至法治教育資訊網 www.lre.org.tw 參與討論）

出版緣起

　　引進本書其實也期望能改變國內關於法治教育的觀念。不少人認為法治教育即是守法教育，抑或認為法治教育應以宣導生活法律常識為主。然而，如果能引領學生思考與法律相關的重要概念或價值，則遵守法律規範，必然是理所當然的結果。懂得保護自己權益的人，當然也應當尊重別人的權益，更不必耗費大多數的課堂時數逐條詳述瑣碎的法律規定。由此可更容易理解，法治教育應對施教的素材適當地設計揀選，才能夠達到事半功倍的效果。此外，無論法治教育的施教素材為何，也應當都是以培養未來的公民為目標。過度強調個人自保的法律技巧，並無助於未來公民的養成，當非法治教育的重要內涵。現代法律隱涵著許多公民社會所強調的價值，例如人權、正義、民主、公民意識、理性互動等等，都有待於我們透過日常生活的事例加以闡釋，以落實到我們的生活環境中。未來能否培養出懂得批判性思考的優質公民，已成為我國能否在國際舞台上繼續保有競爭力，以及整個社會能否向上提昇的重要挑戰。

　　自2003年起，民間司法改革基金會即與中華扶輪教育基會、台北律師公會共組「法治教育向下紮根特別委員會」，並由台北律師公會與美國公民教育中心簽訂授權合約，將其在美國出版的「民主基礎系列叢書－權威、隱私、責任、正義」系列出版品（含適用於美國2年級之前，及3至5年級之教材及其教師手冊）授權在台灣地區翻譯推廣，執行近四年來，已在多所國小校園內實施教學，並榮獲教育部國立編譯館94年度、95年度獎勵人權出版品之得獎肯定。我們衷心期盼本書的出版能普遍喚起國人重視人權及民主法治的教育問題，也期待各界的支持與指教。（本書另有教師手冊出版計畫，請洽五南圖書出版公司）

張澤平

責任與平衡的世界

中央研究院社會學研究所研究員　張茂桂教授

　　「誰該負責」是我們每天都一定會遇到的事。例如我們偶爾會抱怨在某學期曾碰過「不負責任」的老師，上課讓學生自習又喜歡罵人；或者說我們坐公車曾經遇上「不負責任」的駕駛，猛踩油門又緊急煞車；另外有一天我們去大賣場買了一盒進口的蘋果禮盒，回家後卻發現有一半是熟透了；或者說，我們走在公園居然踩到狗糞；而颱風吹襲過後山地對外聯絡的橋樑中斷，很久都沒人來修復，造成原住民孕婦、重病患者無法就醫的風險等等，類似的日常生活的情境經常發生，在本書中也有不少舉例。

　　現代人不論是生活在都市或鄉村，都比前一個世代越來越依賴世界各角落的人所提供的服務，例如電力、道路、大眾交通工具、還有，大家都不能缺少的垃圾車；而我們的日常消費，則經常受到跨國貿易，全球經營的連鎖超商、百貨公司等的影響。簡單說，要我們脫離這個全球相互依賴的世界而獨立生活，不受任何人的行為的影響，這恐怕是不可能的事情。而影響我們的可能是國際關係、跨國公司、各級政府官員、民意代表、連鎖店的店員，或者是學校的老師、班上的同學，一直到隔壁大聲唱卡拉OK與遛狗的鄰居。我們依賴他們都能把他們分內的事情做好，負起應有的責任，讓大家的日常生活可以兼顧到彼此的利益。在這樣相互依賴、相互影響的日常生活中，我們如何面對可能發生「損害」的各種情境，或者思考「負責任」的重要，或者「問責」者應該有的批判思考能力等等，這正是本書所要討論的一個課題。

　　照上面的舉例來說，如果這些傷害我們正當權益的事情一旦發生了，應該都有人需要被「問責」才對，就是要被追究責任（雖然事實可能不一定如此）。「問責」的積極目的，在於約束那些有可能危害到其他人權益的行為，不管是故意還是非故意，能被法律、政治、或者社會道德規範所節制，事先「預防」其發生。當然，「問責」也有消極的賠償作用，就是當傷害發生後，我們可以透過追究、懲處的過程來修補個人或者集體所受到傷害的程度。

　　反過來說，我們身為自由人，身為社會的一分子，固然基於權益受損，有權主張對別人「問責」，但我們對於自己的行為的後果，也同樣有必須為他人負責任的準備，或者，也有被其他人進行「問責」的可能。正因為我們可以要求別人，別人也可以要求我們，而我們因為利害關係或者立場不同，故而可能發生爭議。例如，相關的各方可能會對於如何判斷責任歸屬、判斷損害範圍到底多大、要賠償多少才算適當等等問題，容易發生對立衝突。

　　現代社會為解決相關「責任」的衝突問題，趨勢是擴大法典明文化的範圍，亦即建立「法律責任」的範圍，以及透過司法程序來解決責任歸屬的爭端。例如，我們訂定不同的環境法律，對於水、空氣、土壤等等的污染者進行法律責任的追究；我們也有「消費者保護法」來解決消費者與廠商間的利益衝突。但是日常生活的責任問題，不可能都靠法律來解決，因為透過法律解決問題的成本可能相對比較高，或者有時候情況很緊急，無法依照法定程序來要求。是以相關的「責任」問題，除了靠典章制度或法律之外，我們尚且鼓勵那些有權力、有機會去影響到其他陌生人的所有個人，包括我們自己在內，能夠有自我判斷的能力，也能有願意「主動承擔」的德行；另一方面，我們有時候會在法律規定的責任之外，更增加以輿論或者批評的壓力來問責。因此，當一件追究責任的問題必須發生時，人們也常會分不同的面向來反思，比如從「法律規定的責任」、「道德上應該負的責任」、或者從「政治上應負的責任」等等，而我們個人也可能會面臨不同層次的責任壓力，例如有人情的責任，宗教信仰的責任，公共的責任等等，而當它們都同時發生時，就必須要有選擇、有決斷力，去承擔來自不同的責任壓力。

　　本書涉及有關責任的範圍很廣泛，我選擇從個人「私領域」、「政治領域」、「經濟領域」三個範圍來協助說明。首先，在私人領域方面，好像在家庭、或者親密的伴侶關係中，我們除了感覺到身體喜悅、感情依賴之外，還有「責任」的要素，也就是對於維持家庭或者親密關係所不能缺少的長期承諾，還包括忠誠，以及對家務經濟的分攤責任等等；或者在傳統規範中，社會要求家長要有養育子女的責任，而也要求子女有孝順父

母的責任等等，而近來也有人主張我們人類對於寵物、動物，也有照顧牠們身心健康的責任。我們能不能成為一個在其他人眼中的「負責任」的人，可被信賴的人，或者能不能成為自我節制，不濫用個人自由與權力的人，也可算是一個人是否能成為「成熟」的人的標準。

　　不過大部分關於「責任」的公民教育，常用於討論政治範圍中有關人民參政，政府權力的問題。比如介紹什麼叫做「政治責任」，或者什麼是人民的「權利與義務」等等。例如，人民對於政府官員可以進行評價與監督，規定政府首長有任期制度、彈劾制度等等。或者，「做不好就下台」，這是我們一般最廣義的「政治責任」的表達。而除此之外，還有公務員執行公務時，可能因為疏失、不法而導致人民的權利受損，需要承擔「損害賠償」的責任，此時，我們會另外用「國家賠償」的概念來涵蓋這個法律與政治責任的範疇。

　　另外一個常見的是「經濟生活」中的責任問題。比如雇主和員工之間，經常因為利益問題而衝突，因此除了雙方都必須依據勞基法的契約規範之外，仍應該都有所自我節制、完成責任與承諾。「職業倫理」，也是近來很多人常討論的問題。就是說各行各業都又有自己的行事規範，以及應該主動管理的責任。不論是專業人員，比如醫師、教師、工程師、新聞記者，還是其他的工作人員，像是本書所舉例的海灘的救生員等等，幾乎大家都包括在內。我們因為工作、職業的關係，對於其他相關人的權益，甚至社會整體，都可能有影響，故而需要承擔職業責任。而有專長的職業人員，一般除了法律規範之外，則更還需要依賴自我管理或者自我約束。

　　例如新聞記者、電視主播，因為社會大眾信賴他們的判斷，他們經常成為主要獲得資訊的管道。他們因為可能影響民意走向，所以，也需要承擔較大的社會責任，不但日常報導要力求持平客觀，不能故意扭曲或誤導。萬一新聞報導犯了錯，雖說有時可歸因為查證不足，並不是故意，但他們除了法律責任之外，也應該要求有自發的公開道歉的專業的責任，或者說倫理。

　　另外，針對20世紀後期跨國企業、大型企業的影響力的崛起，一些有地球村公民意識的人，提出要認為求企業在遵守法律追求利潤之外，還能要自我節制，承擔社會文化責任，比

如說保存社區傳統文化,注意生態保育與人性尊嚴的基本需要,還同時需要構思公平正義等價值等等。這些要求,成為當代社會的新的責任議題。這就是近來很多人提出的「生產者倫理」、「企業倫理」等等相關的議題;晚近的「公平貿易」(Fair Trade)組織的標誌,是為一例。這個組織反對一些跨國大企業的強勢或者壟斷的貿易手段,主張全球貿易的過程必須透明開放,認為跨國貿易者應該有責任顧及弱勢地區的小生產者、勞工、婦女、環境正義等社會價值問題。

畢竟,「負責任」的討論與學習,涉及生活中各種關係的平衡發展與批判思考,本書用美國與日常的例子,說明我們如何可以要求別人負責,維護自己的權益,但也要盡一己之力,顧慮他人的權益,作一個負責成熟而平衡的人。這也就是學習在「自我與他人」、「利己與利他」、「自律與他律」、「有權力與有責任」等等可能的衝突之間的平衡發展,進而朝向「有批判思考力」又「願意承擔責任」的方向去努力。

張茂桂

持續往前邁進的德先生、賽先生，加油！

中央研究院院士　曾志朗

我是個研究人腦思維系統與其運作方式的科學家，因此對人性與獸性的區辨非常在意。多年來，我們從考古人類學、人類文化學、社會生物學，及認知神經學的研究中，看到越來越多的科學證據都指向一個事實，即越來越精緻的社會互動功能，使人類文明脫離獸性，演化出完全不同的風貌，那就是發展出抽象的道德理念，並在體認社會公平與正義的重要本質之後，建立了制度與法規，一方面藉以壓制原始的獸性衝動與嗜血的掠奪本能，另一方面也使社會的進展與人民的生活有一致的目標。

但由於社會的組成非常複雜，人們的需求與喜愛多元多樣，個人的能力與性向也都各不相同，再加上知識經濟的推波助瀾，造成財富分配兩極化的不均勻狀態，使得社會正義的維持更為不易。解決這樣的難題，確實是當前社會最重要的工作，而解題的核心要件還是那兩個大家耳熟能詳的理念：深化民主、提升科學，也就是說，德先生要更加成熟，而賽先生更有創意。落實之道，還是要從教育的運作中紮根推廣！

我好高興看到民間司改會將出版為民主與法治教育而寫的書。我曾經寫過一篇文章介紹德先生和賽先生的共生關係，在那篇文章中，我和一位朋友的對話，似乎可以用來祝賀這本書的出版。讓我略作修改，並在此重述它們的精神，希望引起大家的深思與共鳴。

年輕朋友問：「曾老師，科學教育的普及會促使賽先生更高大，而德先生也更健壯嗎？」

我想了想，就回答年輕朋友說：「賽先生與德先生雖是同卵雙生子，卻不一定有相同的命運，由於客觀的環境不一樣，有些國家的賽先生長得快，德先生卻不怎麼樣，如當年德國的納粹及蘇聯政府。但這些是例外，真正的情形是，在全世界大多數的國家裡，我們往往可以從賽先生的健康指標去推測德先生的健康情形，也就是說，把全世界

將近192個國家的賽先生和德先生作一比對，則我們會得到一個頗為可觀的相關指數。」

年輕朋友搶著說：「但高相關並不能指出因果關係，所以我要問的應當是：『賽先生是德先生的驅動者』，還是『德先生是賽先生的保證人』呢？」

我說：「也許不應該太重視因果關係，重要的是如何維護與促進賽先生與德先生的共生體系，這就牽涉到這兩位先生共同基因的問題了。我想，構成健康的賽先生和健全的德先生都會動用到許多基本的元素，但歷史告訴我們，其中最重要的公分母可能只有兩個：一個是讓證據說話（evidence-based），另一個則是批判性思維（critical thinking），而這兩者也必須有相輔相成的共生關係才行！」

年輕朋友很是懷疑：「在一個八卦消息掛帥、口水唾沫橫飛的社會，德先生是病了，他金玉其外，敗絮其中。表面上說是言論自由，其實整個社會的可信度越來越低，德先生已經是為『德』不卒，病入膏肓了！賽先生堅持讓證據說話的精神確實是對症下藥的良方。但沒有藥引子，有用嗎？」

我接著說：「藥引子，就是提升批判性思考，這是賽先生最可貴的人格特質。批判性思考不是一味做負面的否定，它的精髓是尊重其他的意見與看法，即對任何已經被提出的看法或意見，必須去檢視它們的邏輯推論歷程，並針對其中的關鍵假設小心求證，包括論『證』與『證』據。這個態度是對事不對人，且批判的對象絕對是包括自己的理論與看法。現在社會上已經有越來越多的人養成要問問看有沒有第二種意見（ask for second opinions）的習慣了，這是好現象；但更重要的還是要看看，第二、第三或第四種意見有沒有支持的證據？否則尋求再多的意見也是白搭，只會增加思緒的混亂而已！」

年輕朋友點點頭說：「挑戰權威的態度，當然是保證德先生與賽先生茁壯的重要因素。但你能舉個最近科學界的實例嗎？」

我吐了口氣笑說：「我還以為你不會問呢！我正要告訴你一個令我頗為感動的例子。」最近我讀了一篇文章，講的是格陵蘭島（Greenland）在往後幾年到底會變綠還

是會變白？根據目前絕大多數專家與業餘科學人的看法，全球暖化的結果將使住在海岸線的居民陷入危機，因為暖化會使地球南北極的冰凍層融化，預計海平面在本世紀結束前將上漲77公分左右。海水漲、海浪高，當然對海岸線居民的居家安危造成威脅。的確，2002年格陵蘭島陸地上的冰層因地球暖化漸漸融解露出綠地，成為名實相符的「綠」島（Greenland）。這些證據使得大家更相信格陵蘭島有一天會被融解的冰水所淹沒。

「但是就是有不信邪的人！年初有一組在蘇黎士瑞士聯邦理工學院的研究者提出讓大家都跌破眼鏡的理論，他們研究南極圈的氣候變化，發現鄰近海洋的溫度升高後，會造成空氣中的水分增加，在寒冷的氣溫下，將會飄落更多的雪花。他們把在南極圈所得到的數據轉成各種參數，來模擬格陵蘭島在未來十年內因海洋加溫所產生的下雪量，結果是不減反增，也就是說，格陵蘭島不會變綠，反而會是白茫茫的一片呢！當然，這一群研究者也不忘記對自己的理論批評一番，認為若空氣中的二氧化碳持續增加，那冰層融化的程度和速度都會產生變化，屆時又可能綠意滿島嶼了！」

年輕朋友下了個結論：「讓證據說話加上批判性思維，其實也應該是德先生的必備特質，否則我們怎能檢驗民主選舉活動下，政治人物的承諾有沒有兌現？！」

我欣然同意：「科學人就是要孕育這兩個精神，使它們變成生活的態度。那時候，賽先生與德先生就是一家人了！」

在民主文明未臻成熟，而社會正義仍有待努力的台灣，讓我們共勉：德先生，賽先生，大家加油！

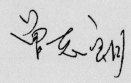

法治教育必須向下紮根

陽明大學神經科學研究所　洪蘭教授

　　法治的社會需要法治的素養，這一點，我們台灣社會非常欠缺，大家只要從每天的新聞報導就可以窺知一二。

　　要有法治的素養必須要有法治的教育，這套書就是民間司法改革基金會用心搜尋國外法治教育的材料，參考各國做法，集思廣益的成果。他們將美國民主基礎系列叢書翻譯介紹到台灣來。「正義」、「責任」、「權威」、「隱私」這四個觀念是民主法治的基礎觀念，美國的小學生在上社會科的課時就反覆的學習如何尊重他人，如何保護自己權益。這套書的兒童版，故事淺顯易懂，而且附有注音符號，因為教育要從小教才會有效果，尤其是可以防身的知識越早知道越好，而且教會了孩子，父母受騙的機率也會減少一些，出版幾年來受到各界的好評，現在繼兒童版、少年版之後，以國中生、高中生為對象的青少年版，也即將發行，我有機會先睹為快，非常高興。

　　法律是社會正義的最後一道防線，法治教育若沒有向下紮根，台灣的社會沒有希望，必須人人有基本的法律觀念，知道自己的權利和義務才不會被人訛詐。英國的培根（Francis Bacon）說「知識就是力量」，知識的力量最顯著的效果大概就是在法律這個領域了。這個法治向下紮根的工作，在我看來，是個刻不容緩的事。

　　法治教育原是政府用公權力應該推的事，但是現在的政府忙著內鬥沒有時間做，這個責任就落在民間團體的肩頭上。我一直認為台灣的生命力在民間，凡是該做的事，都有熱心人士出來出錢出力，看了令人非常感動，不論政府的態度是什麼，台灣至少有這麼多有心人士願意貢獻一己之力使台灣的未來變得更好。有時想想，同樣講民主，台灣的民主為何會變色？我想最主要就是我們民主教育的程度不夠高，沒有民主的素養、法治的觀念，所以一樣叫民主，橘逾淮就為枳了。要改變現況，只有從教育著手，正確的觀念一定要從小灌輸，教育一定要從小做起。民間司法改革基金會的功德無量，它的影

響會長長久久。

　　這套叢書只是個起點，但願經過全民的努力，我們下一代能真正享受到民有、民治、民享的民主生活。

洪蘭

推薦序

為公民教育注入活水

台北市立教育大學教育系　湯梅英教授

「民主」最容易被人接受且最具感染力的說法，莫過於「以人民為主」、「人民是頭家」等簡單易懂，讓人朗朗上口的口號。誰不想當家作主呢？然而，「民主，民主！多少人假汝之名？」歷史教訓，殷鑒不遠。頭家要有什麼樣的能力，而不致淪為「只是一群會投票的驢」？在眾聲喧嘩、價值多元的世代，什麼是社會共享的基本價值？什麼是公民應有的能力？如何培養公民基本素養？對當前民主多元的社會而言，這些都是無法迴避且難以處理的課題，而教育似乎理所當然成為解決問題的不二法門，社會各界莫不認為教育應肩負培養公民素養，引導社會「向上提升」的責任。

其實，教育的範疇非常廣泛，除了學校外，社會、家庭及大眾傳播等都具有「教化民心」的功能。學校教育因較有系統、制度化，尤其公立學校，無論行政組織、師資、課程與教學、經費資源等「投入」，抑或學生學習表現的「產出」，都較容易掌握操控，而成為「眾望所歸」，或是「眾矢之的」，當然更是各方勢力競逐的焦點。社會報導自殺率升高，生命教育就應列入課程教學；交通事故多，中小學就必須加強交通安全教育；青少年犯罪案件不斷增加，於是舉辦法律大會考；腸病毒流行，小朋友就要學如何正確洗手…等等，學校成為應付各種問題的萬靈丹。然而，學校真能有效解決這些五花八門的問題嗎？為配合日益滋生的社會問題，學校的學習內容是否不斷增加卻降低素質？這樣的學習是否符合教育的目的？與培養公民素質有何關聯？抑或只是灌輸國家政府箝制人民的意識型態？因此，如果學校教育以培養公民基本素養為主，教什麼？如何教？應為最基本及核心的議題。

美國公民教育中心所規劃的民主基礎(Foundations of Democracy)系列課程，係以美國建立憲政體制政府的四個基礎概念：權威、隱私、責任與正義，作為公民素養的核心，揭示公民教育的基本內涵，清楚回應教什麼的問題。這套課程以學生日常經驗為基

礎，處處可見由淺入深、從具體到抽象的課程設計原理，發展出兒童、少年及青少年等不同階段，加深加廣、循序漸進的系列課程。由於西方啓蒙運動所強調理性思考、獨立自主的概念，實際伴隨民主社會的發展，因此，民主基礎系列課程的目的，係培養民主社會所需的知識、技能及態度，成為理性負責的公民，以維護社會正義、公平、自由和人權的理想。

民主基礎系列課程雖以權威、隱私、責任與正義四個基本概念為主，但實際教學設計卻非傳統的講述方式，而是藉由概念知識的學習，培養學生理性思考，鼓勵探究問題，發展社會行動的能力，實踐民主原則、程序和價值觀，幫助學生了解自身經驗與社會、政治環境之間的關係。因此，這套課程可融入歷史、政府制度、其他社會學科或是人文學科，以提供學生廣博、統整的學習經驗，教師必須扮演協助者的角色，讓學生學習如何思考並做出理性的判斷與選擇，而非灌輸式的教學，限制學生思考的方向與內容。

美國公民教育中心規劃的民主基礎系列課程，非常清晰並有系統的回應教什麼及如何教的問題，雖然課程設計係以建立美國憲政民主制度的基本原則和價值觀為主軸，但實際上權威、隱私、責任與正義等基本概念，並無國界、地域的區別，而可視為民主社會培養公民素養的核心。基於此，財團法人民間司法改革基金會法治教育向下紮根中心引介翻譯這套課程，作為推廣民主法治教育的基礎教材。「民主基礎系列叢書」兒童版（適讀年齡國小低中年級）及少年版（適讀年齡國小高年級～國中）皆曾分別獲國立編譯館94及95年度翻譯類獎勵人權出版品，並受到教育機構的重視。

今（96）年，民間司改會法治教育向下紮根中心又完成「民主基礎系列叢書」另一階段的譯著。相較於兒童版及少年版的圖文並茂及淺顯易懂，這套用於美國6至9年級的版本提供非常厚實、系統的知識，讓學生理解基本概念。例如：討論正義的概念，首先將正義相關問題分為分配正義、匡正正義和程序正義三類，然後一一釐清，並讓學生思考、應用這些概念，學習有效處理生活議題的程序、步驟與原則，培養負責公民所需的技能，在生活中實踐民主態度與精神。正如美國學者杜威在【民主與教育】一書所強調，民主並非僅限於政治的範疇，而是一種生活態度，與個人經驗及教育息息相關。

這系列叢書在美國係以國中以上年齡層為對象，由於知識內容豐富，問題討論頗為實用，在我國也適合高中程度以上的一般成年人及學校教師閱讀、參考。尤其，書中所提供的基本概念，不僅能充實教師的知識與技能，也可協助教師思考公民教育教什麼及如何教的問題。雖然如此，教師採用這份教材時，仍需敏感察覺書中的內容及問題討論是否存在文化、社會等差異？如何轉化教材，適時補充台灣本土的生活經驗與實例，以貼近學習者的經驗？在學校教學時數的限制下，如何善用這套教材？這些問題不僅考驗教師的教學專業能力，更挑戰教師對培養公民素養的教學信念。

民間司改會法治教育向下紮根中心翻譯出版「民主基礎系列叢書」，作為推動民主法治教育的教材，其用心與努力具體可見，令人感佩，也充分展現台灣民間社會的活力。民間力量生氣蓬勃、持續不斷，公民社會發展的步履豈會遲疑、蹣跚？希望因著「民主基礎系列叢書」的譯著出版，能為公民教育注入活水，故樂於作序推薦。

湯梅英

落實民主的真諦

民間司法改革基金會董事長　黃瑞明律師

民主與法治是台灣過去20年來努力追求的目標，二大黨競爭激烈，幾乎年年有選舉。然而民主的真諦卻絕非只是選舉，尤其是若抱著「贏者全拿」的心態參與選舉將導致政治不安，建設卻步，人民未蒙其利先受其害。

在人類政治史上，有許多追求民主而失敗的例子，甚至導致可怕的悲劇，值得警惕。

落實民主的真諦，首先就是包容與尊重不同意見，了解人生與社會的多樣性，選舉的意義其實就要讓這些不同意見充分表達出來後作為施政的參考，而避免威權心態。

民主發展過程中一定會碰上社會資源分配的問題，也就是比較偏重發展或是分配的問題。人類曾經為了這些問題付出革命的激情和長期對立。每次選舉的政見歧異，其實都可以看到背後隱藏的「分配正義」的問題。

政治制度不管如何發展，檢證施政品質的最好的標準就是對於「人性尊嚴」的尊重程度，個人的隱私權和生命權正是人性尊嚴的底線。

以上的問題，是民主發展容易落入的陷阱。「民主的基礎系列叢書」對這些問題，分別從權威、隱私、責任與正義的觀點舉出淺顯的例子，導入問題，提供討論，是難得一見的落實民主基礎的好書，不僅青少年適合閱讀，成年人也可得到很多啟發。

黃瑞明

前言

有效的公民教育方案的特徵

有效的公民教育方案，因為至少四項特徵而顯得與眾不同：

■ 學生彼此間有大量互動。強調學生間互動和合作學習的教學策略，對於培養公民參與技巧和負責任的公民至為關鍵。這類教學策略的例子包括小組合作、模仿、角色扮演和模擬法庭等活動。

■ 內容需具現實性，且能平衡地處理議題。現實地與公平地處理議題，是有效的公民教育的必要元素；針對爭議的各個層面進行批判性的思考，亦同樣不可或缺。假如上課時我國的法律和政治體系被描述得彷彿完美無缺，學生會懷疑老師說話的可信度和課本內容的實際性。相反的，如果課文只列出這兩個體系失敗的例子，則會導致學生不大相信這兩個體系可用於維持社會的秩序和公平。是該尊重法律和政治體系，還是針對特定案例中體系的適用情況提出建設性的批評，兩者間應該取得平衡。

■ 運用社區資源人士參與課程進行。讓學生有機會與工作於我國法律和政治體系內的各種成人角色典範互動，能使上課的效果更好更真實，對於培養學生對法律和政治體系的正面態度，亦有很大的影響力。在課堂之中善用專業人士的參與（如：律師、法官、警察、立法者等等），能有效提昇學生對公民應有表現相關議題的興趣，使得學生對老師和學校有正面的回應。

■ 校長和學校其他重要高層對公民教育堅決支持。要在校內成功推行公民教育，必須得到學校高層的強烈支持，尤其是學校校長。學校高層採支持的態度，有助於公民教育的實施，他們可以安排活動讓同儕之間能夠相互激勵、獎勵有傑出表現的老師、協助老師對校外人士說明教育計畫的內容和制訂這些計畫的根據，以及提供相關人員在職訓練的機會，以取得實踐公民教育計畫所需的知識和技能。此外，要成功施行公民教育，老師及其同事對此持正

面態度是非常重要的。

　　成功的公民教育方案會引導學生積極參與學習過程，以高度尊重學生做為一個「個人」的方式來進行。反思、省思和論述，會被重視且有計畫地達成。知識和人格的培養是同時並進的，而在我國的憲政民主體制內，此二者對於培育出負責任的公民同樣重要。我們在規劃時即致力於將上述重要特點納入「民主的基礎」系列課程中。

課程理念

　　規劃這個「民主的基礎」系列課程，是基於一項根本假設，亦即教育能讓人更能也更有意願表現出知書達禮、認真負責的行為。因此，教育機構必須扮演協助學生的角色，讓他們更懂得為自己做出明智的選擇，學習如何思考，而非該思考些什麼。在自由的社會中，灌輸式的教育方式並不適合教育機構採用。

　　成立公民教育中心是基於一種信念，亦即以上述觀念為基礎的課程所提供的學習經驗，有助於教化學生，使他們願意理性而全心地投身落實各項原則、程序和價值觀，而這些正是維繫及提昇我們的自由社會所需。

課程目標

「民主的基礎」系列課程是設計來：
- 促進對我國憲政民主制度及這些制度據以建立的基本原則和價值觀的了解
- 幫助青少年培養成為有效能而負責任的公民所需的技能
- 增加對於做決定和處理衝突時，能運用民主程序的認識與意願，不論其是在公或私的生活中藉由研讀「民主的基礎」系列課程，學生能發展出辨識需要採取社會

行動問題的能力。他們會被鼓勵透過具知識性的問題探究，而能接受隨著享受公民
權利而來的責任；一個建基於正義、公平、自由和人權理想的社會是否得以存續，
這些責任即係關鍵所在。

課程組織

「民主的基礎」系列課程不同於傳統式教材，焦點並非放在事實、日期、人物
和事件。相反地，它是放在對於了解我國憲政民主制度極為重要的觀念、價值和原
則。這套課程以四個概念為中心：權威、隱私、責任及正義，這些概念構成了公民
價值和思想的共同核心的一部分，是美國民主公民資質理論與實踐的基礎。這些概
念並不連續或彼此互不相連，且有時會相互牴觸。這些概念可以有許多不同的解
釋，就像所有真正重要的觀念一樣。

老師可以在課堂上講授「民主的基礎」系列課程全部的內容，也可以選擇與學
校或地區一般課程目標和學習成果有關的特定觀念來傳授。教導這些概念毋須按照
任何特定順序，然而，假如你選定某一課教授，頂多只能完成該課之目標，而無法
達到整個單元或概念的目標。

這套課程的四個概念各分成四個單元來探討，每個單元都是在回答一個與相關
概念的內容和應用有關的根本問題。以下簡述每個概念的四個單元：

第一單元：責任的重要？

這個單元幫助學生了解責任對個人和社會的重要性。學生檢視責任的來
源，以及履行和不履行責任可能導致的結果。

第二單元：承擔責任的益處和代價

這個單元讓學生明白履行責任可能會產生某些結果。有些結果是好處，有些則是壞處。學生學到在決定哪些責任比較重要，應該加以履行時，懂得辨別利益和損失是很重要的。

第三單元：如何處理無法同時兼顧的數項責任？

這個單元有助於學生了解我們常面臨相衝突的責任、價值和利益。學生學到一套可用於理智抉擇哪些責任應該履行以及哪些價值和利益是應該追求的目標的「思考工具」。

第四單元：誰該負責？

學生自這個單元學到可用於評估和判斷某項事件或情況應該由誰負責，決定誰應該受到讚揚或責備的「思考工具」。

正義

第一單元：何謂正義？

這個單元有助於學生了解正義相關問題可分成三類：分配正義、匡正正義和程序正義。學生學會如何分辨這三種正義問題，並解釋為什麼辨別這三種正義間的差異是十分重要。

第二單元：何謂分配正義？

這個單元有助於學生明白何謂分配正義，或社會中個人和團體之間利益或負擔的分配是否公平。學生了解所謂的利益可能包括工作的薪餉、發言或投票的權利；負擔則可能包括做家事或納稅等責任。學生學到一套能有效地處理這類議題的「思考工具」。

第三單元：何謂匡正正義？

　　這個單元讓學生了解何謂匡正正義，或如何公正或適當地針對錯誤和傷害做出回應。學生學到一套能有效地處理這類議題的「思考工具」。

第四單元：何謂程序正義？

　　這個單元幫助學生了解何謂程序正義，或用以搜集資訊及決策的程序是否公平。學生學到一套能有效地處理這類議題的「思考工具」。

第一單元：何謂權威？

　　學生學習權力和權威間的關係，研究權威的各種來源，並藉由分析缺乏或濫用權威的情況，來建立對權威面向的認知。然後探討可以怎麼睿智而有效地處理這類情況。

第二單元：如何評估規則與法律的好壞？如何判斷候選人是否適合某項權威職位？

　　學生學習必要的知識和技能，而能在面臨與規則或擔任權威職務者有關的問題時，做出有根據而合理的決定。

第三單元：運用權威的利弊得失

　　學生了解每次權威的行使，必定會為個人和社會整體帶來某些好處和壞處。了解權威所產生的利益和損失是必要的，如此才能針對權威應有的範圍和限制做出明智的決定。

第四單元：權威的範圍與限制

　　這個單元讓學生懂得如何來對權力及其限制做出決定，亦即能對特定權威或職位予以限制，而使其運用能有效而不會過當。

隱私

第一單元：隱私的重要？

　　　　　這個單元有助於學生界定何謂隱私，了解隱私的重要性，辨識及描述不同情況中一般被視為隱私的事項，並分辨有隱私和沒有隱私的情況。

第二單元：哪些因素會造成不同的隱私行為？

　　　　　這個單元有助於學生了解，造成個人隱私行為不同的因素。學生學到雖然所有文化當中都有隱私這個概念，但無論在單一文化中或不同文化間，個人的隱私行為常有所差異。

第三單元：保有隱私的益處和代價

　　　　　這個單元幫助學生了解保有隱私會產生某些影響，有些影響是益處，有些則是代價。學生也會學到不同的人對於特定情況下隱私權是否應受到保障，可能有不同的想法。

第四單元：隱私的範圍與限制？

　　　　　這個單元有助於學生明白身為公民必須面對許多重要議題，其中最重要的一些議題與隱私的範圍和限制有關。我們會允許人們在哪些事情上保有隱私？什麼時候隱私必須為了其他的價值而有所犧牲？

　　　「民主的基礎」系列課程雖然本質上是在講述概念，但實際卻是以學生的日常經驗為基礎。這套課程的獨特之處，在於幫助學生了解他們的自身經驗與社會和政治大環境之間的關係。

　　　這套課程在設計上可融入歷史、政府制度、其他社會科或包括語言學之一般人文課程中。

　　（本文由師大公領系副教授林佳範摘錄改寫自「民主基礎系列」6至9年級版本教師手冊）

序

「民主的基礎」系列介紹四個概念，這四個概念構成了美國憲政體制政府的基礎：權威、隱私、責任與正義。你將會明瞭這些概念，知道這些概念的重要性。

要了解美國政府據以建立的原則，當然並不是只懂得權威、隱私、責任與正義等概念就已經足夠，不過這幾個概念將有助於你明白憲政民主與不自由的社會間的重要差異。

我們將會學到民主社會的一些核心價值，我們必須付出一些代價，或承擔一些責任。我們也會知道很多時候我們必須在相衝突的價值及利益之間做出困難的選擇。

我們將有機會針對運用權威與保護隱私的情況加以討論，也會有機會根據不同的情況，決定應該如何履行責任和實踐公平正義。

我們會學到各種用以評估這些情況的做法和觀念，也就是本書所謂的「思考工具」。有了思考工具，我們在面臨權威、隱私、責任與正義的相關問題時，就能想得更清楚透徹，形成自己的立場，並提出支持自己立場的理由。

我們所習得的知識和技能將能幫助我們面對日常生活中絕大多數的情況。而藉由獨立思考、做出自己的結論以及為自己的立場辯護，我們就能在自由的社會中扮演更有用、更主動的公民角色。

圖片來源：由聯合報系提供

1993 年1月 20日，柯林頓宣誓就職成為美國的第42任總統。

　　「我們國家的創立者將在後代子孫的身上看到榮耀，我們必須更加努力…我們必須讓美國做得更好：提供給所有的人們更多機會，並賦予大家更多的責任。不論是國家還是個人，現在是該打破不勞而獲、好逸惡勞的壞習慣的時候了。讓我們都站起來承擔更多的責任，不只為我們自己或是我們的家人，更要為我們的社區和國家。」

　　這是柯林頓總統就職演說中的一段話，呼籲我們每個人要承擔自己的責任。但是，我們的責任從哪來呢？我們如何選擇該承擔哪一項責任？以及在某個事件或狀況中，我們該如何判斷由誰來負責呢？這些問題和責任息息相關，而在我們的日常生活中，更是隨時、隨處都會面對責任問題。

　　責任的課程將幫助我們了解責任的重要性，並協助我們了解身為自由社會中的一份子，如何能夠更有能力、更有效率的處理責任問題。

● 為什麼負責任很重要？

單元目標

　　在這個單元中，我們將要檢驗負責任對社會和個人的重要性、責任從哪裡來，以及承擔責任和不承擔責任各會產生哪些結果。

第一課 何謂責任？

課程目標

　　這一課要介紹責任的觀念與責任在日常生活中的重要性。同學們將學習在三種不同的狀況下檢驗各種責任問題，並練習檢驗個人生活中的責任問題。

　　上完這一課，同學們必須能辨識出有哪些責任、該對誰負責，以及特定的責任會帶來的獎勵或懲罰。

 責任　獎勵　懲罰　法案　選民　來源

什麼是責任？

　　「責任」就是有必要去做某件事或不去做某一件事。舉例來說，你可能有責任要照顧家中的小弟弟或小妹妹、有責任在出門找朋友玩之前先做好功課、或是未經父母許可，有責任不能隨便動用他們的物品等等。一般來說，好好的承擔應負的責任會帶來獎勵或好處，而沒有履行應負的責任則會遭受懲罰。譬如：在家中幫忙做家事可能得到讚美或零用錢，如果沒做家事就可能會被處罰。由此可知，承擔或不承擔責任會帶來不同的結果。

找出與責任有關的問題？

　　下面三個不同的狀況都牽涉到責任問題，請閱讀這三個故事，並想想如果是你，你會怎麼做？在日常生活中，你有沒有責任呢？如果有，你會如何承擔你的責任？並請回答「你的看法如何？」的問題。

1. 在某個城市的深夜裡，大多數的市民都已經吃過晚餐，甚至上床休息，路旁的商店也幾乎都打烊了。街道上突然清楚地傳來一位婦女的哀求聲：「不要！放開我！」靠近路邊的住宅窗戶亮起燈光，人們探出頭來，正好看到街道上扭打的景象，一個持刀的男子正要搶劫一位夜歸婦女的皮包。「放開她！」有人大喊，這名搶匪抬起頭來看看有沒有人靠近，而那位婦女則是拼命地想掙脫搶匪的挾持。居民繼續地看著這一幕，就好像在看電視劇一樣。搶匪發現並沒有人過來制止，於是刺了這名婦女一刀，然後奪走她的皮包逃逸無蹤。最後，這名受傷的婦女倒在馬路上的血泊中呻吟。

2. 湯太太真的不知該如何是好？最近社區裡連續發生了好幾起竊盜案，而湯太太覺得她似乎知道嫌犯是誰。昨天，她的兒子帶了幾位朋友回家，其中一位叫小包的朋友，大刺刺地向大家炫耀他的隨身聽，說是別人送的。湯太太認出那台隨身聽就是前幾天隔壁鄰居家裡失竊的東西。

3. 市民代表夏先生得決定自己在這個法案中該投什麼票，法案的內容是強制社區中的所有工廠必須做好廢氣排放和污水處理的工作。如果法案通過，社區中的各個工廠都得投資大筆的經費來進行這兩項工程，這也就意味著很多該社區的選民即將面臨失業的危機，因此該社區的選民們不希望夏先生支持這項法案。然而，其他的選民卻都希望這項法案能通過，如果夏先生投反對票，他們一定會很生氣。夏先生到底應該如何選擇才不會影響到他下一任市民代表的選舉？

你的看法如何？

1. 在這些狀況中，哪些人有責任？

2. 這些人各有哪些責任？

3. 他們該對誰負這些責任？

4. 這些責任從哪裡來？

5. 如果大家都負起應負的責任時，會有什麼結果？如果該負責的人都沒有承擔責任，又會發生什麼事情？

責任的重要

在檢驗及決定要不要承擔某項特殊的責任時，我們必須先討論為什麼人們必須負責並知道責任的由來，也就是為什麼會產生這項責任。在下一課中，我們會詳細討論幾種常見的責任由來。不論如何，讓我們先想想自己在日常生活中有哪些責任？

你的看法如何？

想一個你的重要責任，然後回答下列問題：

1. 這項責任的內容是什麼？

2. 你要對誰負責？

3. 這項責任從哪裡來？

4. 承擔這項責任會帶來什麼好處？

5. 如果不承擔這項責任會有什麼結果？

6. 這項責任有什麼重要？

課後練習

1. 把你在家中、學校和社區裡的責任列成一張表，上面註明各該對誰負這些責任，以及這些責任會帶來的獎勵和懲罰。

2. 從報章雜誌上搜集關於責任的資料，利用這些剪報在班上做成一個公告欄，或是張貼在學校的川堂或走廊上。

第二課 責任的來源？

課程目標

這一課中，同學們將學習檢驗日常生活中常見的幾項責任來源，也可以了解人們承擔責任的不同方式——可能是因為個人的自由意願去承擔責任，也可能是別人把責任加在我們身上，或是在不知不覺中自然而然地承擔起來的責任。

學習術語 義務 契約 同意 分派 指定 職業
風俗習慣 公民準則 道德標準 有意識的抉擇

責任的來源

責任的來源很多，下面的例子可以說明一些常見的責任來源：

一、承諾：當一個人對另一個人做出承諾，他就有責任或義務履行他所承諾的事情，也就是「說到做到，言出必行」。有時候人們互相承諾的方式具備了一定的法律形式，成為正式的契約；但並不是所有的承諾都是那麼正式。我們必須明白當我們做出承諾時，就等於答應或同意要承擔某一個責任或義務。

    1. 小包向阿克借2000元修理車子，他答應阿克下個月發薪水的時候會馬上還他錢。

    2. 馬先生與馬太太和房東簽了租期一年的房屋租約。

二、分派：人們有時候
　　會分配或分派責任
　　給其他的人。

　　1. 史老師分配班上
　　　 同學在下星期五
　　　 之前讀完一本英
　　　 文小說的前半部
　　　 分。

　　2. 校長分派由六年
　　　 級的羅老師負責
　　　 維持餐廳的整潔
　　　 工作。

三、指定：有時候人們會
　被指定或選任擔任某
　個職位以承擔某些工
　作。

　　1. 馬市長指定秦先生
　　　擔任市警局的局
　　　長。

　　2. 康教練指定蘇先生
　　　擔任球隊的設備
　　　經理。

四、職業：每一種職業或
　工作都有特定的責
　任。

　　1. 顧客們都期望修車
　　　技師阿倫能把車子
　　　修理得很好。

　　2. 黃先生是一位法
　　　官，他必須公平的
　　　主持審判，並依據
　　　法律裁量刑罰。

五、法律：法律賦予社會上每一個人一定的責任。

　　1. 小安必須要上學讀書，直到他十五歲或國中畢業為止。

　　2. 阿貞每個月的薪水都必須先扣掉一定比率的所得稅。

六、風俗習慣：有些責任
　　來自於風俗習慣，也
　　就是社會上長久以來
　　的傳統或已經成為共
　　同的標準，期待人們
　　遵守。

　　1. 小威去看電影時
　　　要耐心排隊等待
　　　進場。

　　2. 羅美眉帶禮物去
　　　參加好朋友的生
　　　日派對。

七、公民準則：身為一國
　　的公民就必須承擔一
　　定的責任。

　　1. 李小姐在選舉時
　　　都會去投票，因
　　　為這是身為公民
　　　的義務之一。

　　2. 王先生總是很關
　　　心每天社會上發
　　　生了哪些事情。

八、道德標準：道德標準是指一個社會裡對是非善惡的行為法則或標準。

    1. 每個人都應尊重他人。

    2. 每個人都應公平地對待他人。

找出與責任有關的問題？

    請班上同學分組，各組分別先回答下列問題，然後和全班分享與討論各組的答案。

    一、就下列各項來源，舉出一項現有的責任：

        1. 承諾

        2. 分派

        3. 指定

        4. 職業

5. 法律

6. 風俗習慣

7. 公民準則

8. 道德標準

二、從上述責任中指出：

1. 哪些責任可以自由選擇是否要承擔或不承擔？

2. 哪些責任是你被要求必須得承擔的？

3. 有沒有哪些責任是你自然而然、不經特別思索就已經在承擔，並沒有特別經過有意識的抉擇或考量？

三、上述責任中，你認為哪兩項最重要？為什麼？

四、你承擔這兩項最重要的責任會得到什麼好處？如果不承擔這些責任，你會遭受哪些懲罰？

五、承擔這兩項責任有何重要性？如果人們都不承擔這兩項責任，會發生什麼結果？

課後練習

一、列出一或兩項別人該對你負起的最重要責任，針對每一項責任分別回答下面的問題：

1. 為什麼別人該對你負這些責任？

2. 該負責任的那個人是自願承擔這些責任嗎？還是別人強加在他身上要他負責呢？他是經過有意識的思考之後才決定要承擔這項責任嗎？

3. 那個人履行了對你的責任後，會得到什麼獎勵呢？

4. 如果那個人不承擔對你的責任，他會受到什麼懲罰？

5. 承擔這項責任有何重要性？如果不承擔這項責任會發生什麼結果？

二、畫一幅圖畫或製作一幅拼貼畫來說明你的一項責任以及這項責任的來源。

第三課 如何檢驗自己的責任？

課程目標

　　在這一課中，同學們要學習用思考工具來檢驗各項責任，並在特定情況下運用所學。上完本課後，同學們要能夠在不同的狀況中，利用這些思考工具來檢驗各項責任。

學習術語　　保證　偽證

責任的獎勵和懲罰

　　幾乎所有的責任都會帶來獎勵或懲罰。舉例來說，如果一個人對其工作負責，隨之而來的獎勵就是得到工作的酬勞，相反的，如果沒有負起責任，則可能會被公司開除，這就是沒有承擔責任而遭受的懲罰。因此，當我們在檢驗責任時，必須考量伴隨而來的獎勵和懲罰。本課的思考工具表，可以幫助我們更深刻、更深思熟慮地檢驗負責任的問題。

找出與責任有關的問題？

請閱讀以下段落，指出每一個案例中包含了哪些責任，然後完成課本第17頁的思考工具表格中的每一個項目。並與全班同學分享你的答案。

1. 這是一份商品的保證書。這份保證書加諸商品製造商承擔哪些責任？要求購買者承擔什麼責任？

旋風牌家用電器・第312型割草機
三十天完全保固

旋風家電公司保證消費者所購買的割草機在材料上及製作過程中絕無瑕疵。消費者從購買之日起，得享有三十天的完全保固期間。在保固期中，旋風割草機如出現任何異常狀況，旋風公司得視情況，更換整台機器或更換有瑕疵的零件。消費者只須將有問題的商品（1）送交至當時購買的零售商，或是（2）交付任何旋風家電的服務中心，並檢附購買證明（發票或收據）。本保證書保障消費者特定的合法權益，並不得排除其他消費者保護法令所賦予消費者的一般權益。

---

2. **美國總統有哪些責任？**

1929年的股市大崩盤，開啓了美國歷史上最嚴重的經濟大蕭條的序幕。1932年羅斯福總統上任時，美國經濟仍未見好轉。在競選期間，羅斯福總統承諾要為全體國人帶來「新經濟」，誓言為失業的工人、農人、和其他迫切需要協助的族群謀求解決經濟問題的新方案。羅斯福總統同時亦承諾要為美國的工商業帶來新的願景。當時，投票給羅斯福的人無不期待他的「新經濟」政策能帶領美國走向景氣復甦的道路。

● 羅斯福總統(1882-1945)

3. **法官和證人各有哪些責任？**

莊法官看著石先生走到證人的席位，她早就聽說石先生是一位非常不合作的證人，而且在之前偵訊時，石先生的證詞就已經多次反反覆覆。

法警帶領石先生宣誓時，莊法官豎起耳朵，仔細地聆聽石先生的宣誓。

「你是否能嚴正地宣誓，確定自己在這個法庭對於即將要審理的這個案件中所說的證詞，句句屬實，絕無匿飾增減？」

「是的，我確定。」石先生回答。

莊法官想到自己身為法官的責任，她必須維持法庭的秩序、尊重法律程序，並公平的主持審判。於是，莊法官對石先生說：「石先生，讓我再次的提醒你，在你宣誓後若沒有說實話，就是犯了作偽證的罪，將會被判二到四年的有期徒刑。」

4. **學生和員工有什麼責任？**

小珍是仁德高中一年級的學生，她看到學校公布欄有一則徵人啟事：

徵人啟事
徵收銀員 工讀生
請親洽鄉村五金行

小珍決定放學後要去應徵這個工作，先前她向爸媽借錢買了一輛十段變速的腳踏車，如果她有工作，就能趕快賺錢還爸媽。小珍希望每天放學後去工作兩個小時就好，因為她還得花時間做自然課的科展作品，而且每個星期二下午她還要上鋼琴課。

● 如果小珍接受這份工作，她會有哪些責任？

　　小珍和五金行的經理面談時，經理告訴她這份工作的職責包括：有禮貌的對待顧客、幫助顧客尋找想要的商品、退換貨品的服務，以及正確並有次序的整理銷售貨物的收據。上班的時間可以略做調整，所以小珍星期二下午依然可以去上鋼琴課，但是其他的日子，小珍必須從下午三點半工作到六點。經理特別強調準時的重要，因為在小珍上一個時段工作的員工是一位母親，她必須準時下班才能來得及接小孩子放學回家。經理告訴小珍只要她願意就可以馬上開始上班，工作的待遇是每小時180元。

檢驗責任問題的思考工具表			
1 哪些人有責任？			
2 有哪些責任？			
3 該對誰負責？			
4 這些責任從何而來？			
5 該如何承擔這些責任？			
6 這些責任會帶來哪些獎勵和懲罰？			

1. 訪問一位在學校或社區中工作的人，譬如：清潔人員、警察、教練、醫生、老師、園丁，或是電話維修人員。找出他們在工作上的主要職責，請教他們如果沒有承擔他們工作上的責任會有什麼後果？用搜集到的資料完成第17頁的思考工具表，並向全班同學說明。

2. 畫一幅漫畫或卡通來說明承擔責任會獲得的獎勵，以及不承擔責任會遭受的懲罰。

UNIT 2

第二單元：承擔責任的益處和代價

● 在海灘的點心攤位工作有什麼好處？得付出什麼代價？

單元目標

　　當某個人負起某項責任時，可能會引發一連串的結果，有些結果會帶來利益或好處。在第一單元中，我們學到幾種因為承擔責任而為個人帶來的益處，獲得獎勵是其中之一，而除了獎勵外，還有更多不同種類的利益。

　　但是，有時候承擔責任卻也會為個人帶來一些不利益或是必須付出某些代價，譬如：若我們承擔某項工作責任，就可能沒有時間去參與其他的活動了。在這一單元中，我們要同時探討承擔責任的益處和必須付出的代價。

　　決定要不要承擔某項責任時，能清楚分辨承擔責任後的益處和代價非常重要，尤其是在同時面對好幾項責任時，必須能先清楚分辨承擔各項責任的益處和代價，才能幫助我們決定哪一項責任較為重要。

第四課　承擔責任會有什麼結果？

課程目標 ——————————————●

　　這一課要教同學辨別承擔責任的益處與代價，上完本課後，同學們必須要能說明哪些是承擔責任常見的益處和必須付出的代價，並能辨認在特殊情況下，承擔特定責任會帶來哪些益處？要付出哪些代價？

學習術語　益處　可預測性　安全感　效率　代價　憎惡

● 為什麼負責任可以讓生活更穩定？

承擔責任的益處和代價

　　承擔責任可能會帶來很多益處，有些是對負責任的人有益，有時則是對別人有好處。

對別人的益處

一、可預測性：當大家都勇於負責時，人們知道可對彼此有哪些期待。

二、安全感：當我們確信每個人都會好好的負責時，我們感到放心，覺得安全。

三、效率：當每個人都對自己的工作負責時，就能輕鬆、迅速又有效率的完成
　　　　　工作。

● 這個插圖中說明了負責任會帶來哪些益處？

四、公平：當每個人都負起應負的責任時，就不需要有人額外分擔他人的責任。

五、團隊精神：當團體中的每一個成員都勇於負責時，就能為團體創造一份凝
　　　　　　聚力和共同的驕傲。

對負責任的人的益處

一、能獨立自主：一個勇於負責任的人做事時，常常可以得到較大的自主空間，受到較少的監督。

二、有自尊：一個勇於責任的人往往能得到較高的自我評價，並對自己的能力有信心。

三、獲得接納和肯定：一個勇於負責任的人容易獲得他人的接納和肯定，特別是來自那些仰賴他們的人。

四、獲得知識、技能和經驗：一個勇於負責任的人能夠獲得知識、技能和寶貴的經驗。

五、獲得更多的認同、更高的職位（或名聲）或酬勞：一個勇於負責任的人往往會得到較多的榮耀、獎勵、獲得升遷的機會，或是更高的酬勞。

然而，負責任也有許多可能要付出的代價。

負責任的人必須付出的代價

一、有負擔：負責任往往得花上時間、精神、力氣、甚至金錢。

二、必須犧牲其他的興趣或利益：當人們決定承擔某項責任時，常常必須先把其他的興趣、利益，或需要擱在一旁。譬如：沒時間陪家人或朋友，或是必須減少休閒娛樂的時間。

三、感到憎惡：如果不是自己真正想做的事，卻必須去做，心中可能會產生憎惡的感覺。

四、害怕失敗：可能會擔心自己無法好好的完成這項責任，或是害怕會因此受到懲罰。

五、覺得不公平：如果某項責任有主要的負責人時，通常其他人就會把所有的事情都加在他身上，而不肯好好地去承擔自己應分擔的部分。

檢驗承擔責任的結果

　　請同學分組，討論課本第21~22頁中有關負責任的各項益處和代價。試著從個人生活經驗中舉出實例，說明負責任對別人的益處、對自己的益處，以及必須付出的代價的情況，並和全班同學分享。

辨認承擔責任的各種結果並加以分類

　　下面的故事是關於一個特定工作的各種責任，閱讀後請回答以下問題，並和全班同學討論。

救生員

　　姍姍受縣政府聘雇擔任海灘救生員已經一個多月了，每天上午九點鐘，當她爬上轟立在溫暖的沙地上、兩公尺高的救生椅時，她總是覺得憂心忡忡。雖然姍姍接受過完整的救援訓練，但是到目前為止，她還沒有經歷過任何真正困難的救援任務，她很擔心萬一真有緊急狀況發生時，自己能不能處理得很好。

　　姍姍喜歡自己的工作，除了可以整天待在海灘享受陽光和海風之外，她感覺許多人正在仰賴自己的保護。當然，姍姍也希望偶爾能真正的放鬆心情

無憂無慮的躺在沙灘上作日光浴，或是能下水去游游泳、泡泡水。

　　姍姍的上司和其他的救生員都認為姍姍的工作表現很好，然而她會憂心是因為她深深知道：自己有沒有認真工作攸關著別人的生與死，在海邊的意外事件中，生死常發生於一瞬間，尤其是在假日人潮擁擠的時候。

　　姍姍回想去年她還是助理救生員時，有一天，一位資深的救生員沒有交代替補人員就逕自離開崗哨，一位年輕的女孩在游泳時突然發生狀況，卻因為沒有任何援助而溺斃。那位救生員對這件事感到非常難過，從此一直處在強烈的自責和罪惡感的情緒中，當然他也被解雇了。女孩的家屬控告縣政府，要求縣政府對員工的疏失所造成的損害負起責任。

● 擔任救生員會帶來哪些益處？必須付出哪些代價？

找出與責任有關的問題

1. 身為救生員，姍姍有哪些工作上的責任？

2. 姍姍承擔這些責任會帶來哪些結果？

3. 這些結果中，哪些會帶來益處？哪些得付出代價？

● 課後練習

1. 請同學舉出一項想要負的責任，簡單說明這項責任的內容，以及承擔責任可能帶來哪些結果。然後寫下結果中哪些是屬於益處，哪些屬於代價，並對每項益處和代價，依據對你的重要程度加以評分。接著向全班同學說明這項練習如何能幫助同學更清楚、更理性的決定是否要承擔該項責任。

2. 訪問一位你認為有趣的工作或職業的從業人員，請教下列各項問題：
   (1) 列出那項工作或職業最重要的責任是什麼？
   (2) 說明承擔那些責任會帶來的各項結果。
   (3) 說明不承擔那些責任會導致哪些後果。
   (4) 這些結果中，哪些是有益的？哪些必須付出代價？
   (5) 依據各項結果的重要性，排列各項益處和代價的先後次序。

第五課　如何確認承擔某項責任的益處勝過必須付出的代價？

課程目標

　　在這一課中，同學們要以角色扮演的方式模擬進行一項法案公聽會：最近有人捐給政府一大片山林地，這個公聽會是要討論是否贊成把這片山林地建設成森林公園的提案。
　　上完這一課，同學們應該能夠運用益處和代價的觀念來評估、決定，並能堅持自己在各項責任問題上所持的立場。

學習術語　　相對重要性　　自然原始棲息地　　議事程序
法案公聽會　公聽會（一種由政府機關主辦，市民可以向政府官員表達關心，溝通意見的公開會議，正式名稱應為「聽證會」）

評估益處和代價的相對重要性

　　在前幾課中，我們學習到承擔責任會帶來益處，也往往必須付出代價。對於承擔某項特定責任會得到的益處是否勝過必須付出的代價，每個人的看法不盡相同。也就是說，人們對益處和代價之間的相對重要性各有各的看法。清楚的思考益處和代價間的相對重要性能幫助我們決定是否要承擔某一項責任。下面的練習可以幫助我們：權衡承擔某項特定責任會帶來益處和代價的相對重要性後，評估、決定是否要承擔這項責任，並堅持自己的立場。

權衡承擔責任的益處和代價

　　下面的故事是一個關於森林公園爭議的情況，請各位同學依照第28-31頁的指示，準備參加法案公聽會，討論故事中的問題。

森林公園的爭議

　　一家不動產開發公司捐了一大片山林地給當地縣政府，那是一塊緊臨山區、風景優美的森林地，森林中還有一個寧靜優雅的天然湖泊。山區的夏季涼爽，冬天積雪可以達好幾呎深，一年四季都非常適合遊客從事各項季節性的戶外運動。

　　縣議員歐先生是野生動物及森林公園委員會的主席，他提出了一項法案，建議縣政府把這個地區開發為森林公園。但是，建設與維持森林公園需要龐大的經費，也就是說一旦法案通過，縣政府必須提高稅收才能有足夠的財力來進行開發和維持公園的開銷。

　　法案中提議在湖邊建一個小型的遊艇碼頭、兩個露營區、一個滑雪場、一公里長的登山步道和單車道，並重新修築進入山區的產業道路。這些計畫也會涉及大量樹木被砍伐，造成野生動物棲息地的破壞（原來棲息在那裡的野生動物，需要當地的食物才能生存）。

　　如果縣議會支持並通過這項建設森林公園的法案，就會創造許多新的就業機會，估計光政府部門就必須增加聘雇超過一百名的員工。除了需要大量的人力參與外，各項休閒設施勢必會吸引眾多的遊客，大大地提升當地的經濟狀況。

各家媒體都爭相報導和討論建設森林公園的提案，正反兩面的意見紛紛出籠，野生動物和森林公園委員會決定舉辦一場公聽會，期待能完整聽取各界人士的意見並搜集相關資訊，以做為委員會進行法案審查時的參考依據。

　　野生動物和森林公園委員會邀請各界人士在公聽會中表達意見，要參加的人不論是持贊成或反對立場，都必須先向委員會登記以方便安排發言順序。從打電話來登記要發言的人數判斷，公聽會那天會場可能會大爆滿。除了登記要發言的人外，還有各大小媒體的記者以及許多關心這個議題的民眾都會出席，每位與會人士都會先拿到一份第28頁的議事程序。

法案公聽會

日期：九月二十四日（星期一）
時間：上午九點鐘
地點：縣議會第一會議室
　　野生動物及森林公園委員會邀請民眾就歐議員所提的法案 —— 運用稅收來發展森林公園的法案提出意見。

議事程序

1. 歐議員進行開場說明（兩分鐘）。
2. 關心的利益團體發表意見（各三分鐘）。
　　A. 主張政府應減稅的公民聯盟。
　　B. 野生動物保護聯盟。
　　C. 全國森林公園巡守員工會。
　　D. 兒童戶外活動公民聯盟。
3. 公開討論 —— 提問題和回答；參與者表達評論（十分鐘）。
4. 歐議員和野生動物及森林公園委員會的委員進行終場結論（三分鐘）。
5. 散會。

準備參與及進行法案公聽會

這份議事程序和我們立法院開會時使用的議事程序很類似。立法院、縣市議會與地方政府都可以針對某一個議題或提議的法案召開公聽會，讓立法委員或縣市議員有機會詢問專家和其他民眾的意見，也讓人們有機會提供相關的各項資訊並能表達意見。

請把全班同學分成五個小組來進行公聽會，一組擔任野生動物和森林公園委員會，其他各組則分別扮演議事程序公告上的四個小組代表，也可以自由增加其他代表不同利益、立場的團體。

這個公聽會的主要目的是：提供民眾在縣議會對開發森林公園的法案進行表決之前能有表達意見的機會。

歐議員是委員會的主席，其他各組在發言時必須遵守以下的「團體發言」規定，並清楚表達贊成或反對該法案的立場。各團體也可以就原來的法案提出修改的意見。

「團體發言」規定

除了野生動物及森林公園委員會之外，每個小組都必須選出一位主席來帶領各組的討論、一位記錄員把各組討論的內容做成記錄以作為公聽會時發言的依據，以及一位發言人來陳述小組的立場。各組的所有組員都必須準備在公聽會時回答縣議員們（請參考第30頁之註1、註2）提出的問題。

在建立小組的共識和立場時，每個小組都必須考慮下列各項問題：

1. 如果法案通過，縣政府必須承擔哪些責任？

2. 縣政府承擔這些責任時，會產生哪些結果？

3. 哪些結果會帶來利益？哪些結果必須付出代價？

4. 從自己小組的立場來看，哪些利益或代價是最重要的考量？為什麼？

5. 自己小組是贊成還是反對這項法案？需不需要修改？為什麼？

● 你們這組採取的立場，主要論據是什麼？

第一組：野生動物及森林公園委員會

（註1：這個委員會是設在縣議會下的專門委員會，成員由縣議員組成。註2：在進行法案公聽會時，各組地位是平等的，因此除主持會議的主席座位設於前方外，其餘各組的座位也應平等安排）

　　請先選出一位主席和一位記錄人員，並請一位同學扮演歐議員的角色。詳細了解事件的所有狀況，以及公聽會的議事程序，歐議員必須確定在公聽會進行時，各組人員都會遵守議事程序發言。

　　這一組在公聽會的主要任務是從各組的發言中搜集各項資訊，以運用這些資訊，在縣議會開會時，對於是否要通過、否決、還是修改這項法案，做出明智的決定。這一組的每一位組員都必須列出幾項問題來詢問在聽證會時發表意見的其他小組，每位組員都必須參與準備歐議員的開場解說。

第二組：主張政府應減稅的公民聯盟

　　這一組的立場原則上是反對這項法案，因為要進行這項法案勢必要大幅度地增加稅收。因此，這一組可以主張民眾必須負擔在開發和維持森林公園的費用，遠遠高過因建設這個森林公園可以得到的利益。

第三組：野生動物保護聯盟

這一組的部分成員可能會贊成這項法案，因為這項法案把那一大片山林地規劃為野生動物保護區和休閒區。例如：有些組員可以主張保護該地區野生動物的價值遠超過所付出的成本。相同的，有些成員也可以主張所有的建設工作都必須以不破壞原來的野生動物生態環境為前提。這組可以建議刪除或減少法案裡在公園中的各項休閒運動設施的計畫，以限制對野生動物原始棲息地的破壞；或是主張把整個林地規劃成野生動物保護區，所有的開發只限於自然步道以及小型的野餐或露營區域。

第四組：全國森林公園巡守員工會

這一組應該是要贊成這項法案，因為如此一來又多了一座森林公園，能為巡守員們以及助理們增加了許多新的工作機會。這一組也可以主張多一座森林公園，可為人們帶來休閒育樂的利益遠超過開發和維持公園所需付出的代價。

第五組：兒童戶外活動公民聯盟

這一組應該是贊成法案通過，可以主張兒童們（特別是住在都會區的兒童們）鮮少有機會接觸大自然或從事健康的戶外休閒活動，如果孩子們能常常徜徉在優質的大自然中，必定能減少很多兒童身心問題或是幫派問題。因此，開發森林公園對兒童們、家長們，以及國家的長期利益遠超過所需付出的代價。

● 課後練習

1. 和學校的老師合作，邀請一位立法委員、縣市議員或在立法院、縣市議會或政府機關工作的人員來參與這堂課，由來賓向全班同學說明什麼是公聽會，以及公聽會的功能和目的，並請來賓說明政府機關在審理法案或制定政策時，如何考量各項提案的利益和代價。最後，請來賓向同學說明他（她）所擔任的職務中最重要的責任是什麼。

2. 分組活動：各組必須列出三項總統的責任，在針對每一項責任列出承擔責任的結果，哪些會帶來利益？哪些必須付出代價？然後寫成一份報告或製作成圖表，和全班同學分享各組的成果。

3. 安排參訪立法院或縣市議會舉行的公聽會。請同學找出這次公聽會的主要議題會牽涉到的各項責任，並和全班討論。

第三單元：如何處理無法同時兼顧的數項責任？

● 你如何決定要承擔哪一項責任？(註：同一人同時間要做很多事，如何處理？)

單元目標

　　我們常常要面對好幾項責任、價值，或不同的利益卻無法同時兼顧，因此必須做出妥適的選擇，決定要承擔哪一項責任或是追求哪一項價值和利益。在這一單元中，同學們將運用所學的技巧來協助做出適當的決定。另外，還會學習一些新的思考工具，幫助我們評估、形成和調整我們在無法同時兼顧的責任間所做的選擇。

第六課 如何在數項無法同時兼顧的責任、價值和利益之間做選擇？

課程目標

　　在這一課中，同學們要學習在數項無法同時兼顧的責任、價值和利益之間做選擇。

　　上完這一課後，同學們應該能夠對在數項無法同時兼顧的責任、價值和利益之間所做的選擇，加以評估、確定，並堅持所做的決定。

學習術語

價值　利益

在承擔責任時，可能會面臨哪些衝突？

當我們在選擇該負哪一項責任時，常常會遇到兩種衝突：

1. 有時候是兩種責任的內容互不相容，不可能兩項都承擔，或是至少不可能在同一個時間承擔。

2. 有時候是責任本身和其他的價值或利益相衝突。

　　請同學們在下面批判思考練習中，仔細檢驗每一項情境。首先，我們必須清楚地定義價值和利益：

■ **價值**：價值是一個人認為很重要、值得去嘗試的、正確的、好的事，或是值

得去追求的事。譬如：公平是一種價值，仁慈、勇敢都是價值。其他的價
值還包括誠實、忠心、友誼、隱私、自由和正義……等。

● 這一幅畫面中展現了哪些價值？哪些是你認
為重要的價值呢？

■ 利益：利益是一個人想要得到或關心的東西，譬如：閒暇時間、好的健康狀
　況、某種獎勵……等。

　有時候，如果一個人決定要承擔某項責任，就必須犧牲一項或多項其他的價值
或利益，也有可能因為考量其他的價值和利益，而決定不承擔某項責任。

檢驗無法同時兼顧的責任、價值和利益

請仔細研讀下面的故事，並回答後面的問題：

1. 上個星期阿關的老師出了一項作業，這個星期五要交。阿關一直拖到星期四才決定在當天放學後做這項功課。為了完成這項作業，他必須花上大半個下午的時間到圖書館查資料，也就是說他得到晚上才可能把功課做完。而星期四早上，足球隊的教練宣布當天放學後球隊要留下來加強練習。阿關不知道自己該怎麼辦了，因為他是足球隊的隊長，練習時全隊都要靠他指揮調度。

2. 媽媽允許小羅開她的車去參加樂隊練習，但是不准用媽媽的車載朋友。星期五晚上，樂隊練習結束後，小羅最好的朋友的錢包不見了，沒錢坐公車回家，而當時時間已經很晚，公車的班次也很少。小羅打電話回家問媽媽可不可以破例一次，讓他開車載朋友回家，可是家裡沒有人接電話。

分辨無法兼顧的責任、價值、和利益

分辨無法兼顧的責任、價值和利益

1. 在上面的故事中，阿關和小羅各必須面對哪些責任？

2. 故事中各有哪些不相容的責任？各有哪些相衝突的價值和利益？

3. 你怎麼思考這兩種狀況？如果是你，你會決定怎麼做？為什麼？

● 課後練習

1. 畫一幅圖或寫一個故事，以一個人面對數項無法兼顧的責任做為主題，說明故事中當事人最後怎麼決定？為什麼？

2. 請研究下面的幾個歷史事件，指出其中有哪些無法同時兼顧的責任、價值和利益。

   (1) 阿里是美國有史以來第一位蟬聯三次世界盃拳擊賽重量級冠軍的拳擊手，是道道地地的拳王。在越戰發生時，國家徵召阿里去打仗，阿里卻聲稱自己基於道德立場極力反戰，因而拒絕受召入伍。（註：美國實行志願兵役制度，在戰時曾實施過義務兵役。雖原則上仍保留徵兵的權利（在戰前由國會通過徵兵法案），但自1970年越南戰爭結束後，就不曾實施過徵兵。）

   (2) 西元1859年，美國北方有一個非常痛恨奴隸制度的人，名叫約翰布朗，他跑到位於南方的維吉尼亞州去，準備帶領黑奴們逃亡到北方追求自由。他和同伴突襲一個南方政府的軍火庫，很多人在這場戰役中喪命。

   (3) 在第二次世界大戰快要結束時，美國的科學家們研發出原子彈。當時，身為美國三軍最高統帥的杜魯門總統，必須決定是否要用原子彈來迫使日本投降。

   請同學研究以上三個事件，並選擇其一，完成一份報告，說明以上人物當時所面對的情況，以及有哪些無法同時兼顧的各項責任、價值和利益。請說明他們最後的決定是什麼？你個人同意或不同意他們當時的決定呢？

MEMO

第七課　如何在數項無法同時兼顧的責任之間做選擇？

課程目標

這一課要介紹幾項新的思考工具，幫助我們決定是否要承擔某項責任。上完本課之後，同學們應該要能夠運用這些想法評估、確定，並堅持自己在責任問題上所持的立場。

學習術語　緊急狀況　資源　讓步妥協

 ① 有助於在無法兼顧的責任間做抉擇的考量

到現在為止，同學們對「責任」這個主題，應該已經學會了：

一、指出有哪些責任和這些責任的由來。

二、指出承擔責任會得到的獎勵，以及不承擔責任會受到的懲罰。

三、指出承擔責任會帶來的結果，包括所得到的益處和必須付出的代價。

以上各項思考工具都能幫助我們決定是否要承擔某項特定的責任，然而，在做決定時，除了這些以外，還有一些我們必須考量的其他事項。

以下的六個考量能幫助我們在困難的情況下做決定：是否要承擔某項責

任，或是否要保護所堅持的利益和價值。在批判思考練習中，請同學練習運用這些思考工具在假設的情況裡做決定。

 緊急程度

　　當必須在無法兼顧的責任間做選擇時，我們得先確定哪一項責任比較緊急。也就是要先確定哪一項工作得優先進行。

　　阿烈自顧自的在想著：「我知道今天晚上要做兩件事──得先預習明天英文課要上的課文…，咦！我怎麼想不起來另一樣是什麼？」阿烈看到他的小狗小白，「對了！我答應爸媽今晚要幫小白洗藥水澡，幫牠清除身上的跳蚤。」

1.阿烈該做的這兩件事裡，哪一件比較緊急？為什麼？

2.你有沒有經歷過需要立刻決定承擔某項責任的緊急狀況呢？

 相對重要性

　　和其他責任互相比較，每一項責任的重要性如何？

　　（註：這裡所指的相對重要性有我國刑法第二十四條緊急避難的概念在其中。）

　　第二天放學後，阿烈騎著腳踏車要回家，當他轉彎靠近巷口的方媽媽家時，突然看見兩歲大的方小華趴在馬路中央玩石頭，當下唯一能閃開不撞到他的方法，就是把腳踏車轉向衝進方媽媽家的花圃裡。

1.哪一項責任比較重要？避免撞到方小華（註：可能構成傷害罪）？還是避免壓壞方媽媽的花圃（註：可能構成毀損罪）？

2.你是否曾經有過必須考量相對重要性來決定承擔哪一項責任的經驗？

 所需的時間

承擔各項責任所需的時間，也是影響決定要選擇哪一項責任的重要考量因素。

　　阿烈經過大橋比薩店時，看見店門口掛著「急徵助手」的牌子，於是走進去向老闆詢問這項工作。

　　老闆說：「工作的時間是星期一到星期五的下午四點到晚上十點，我們需要負責櫃檯工作的人。」

　　阿烈問：「我沒有辦法花那麼長的時間來工作，我還有其他的事要做，可不可以只做下午四點到晚上七點？你是否可以另外找一個人從七點工作到十點。」

　　「很抱歉，櫃檯的工作沒辦法分段。」老闆回答。

1. 要承擔在大橋比薩店工作的責任需要多少時間？為什麼這樣的時間對阿烈來說會有問題？

2. 你是否曾經有過必須考量所付出的時間，才能決定要不要承擔某項責任的經驗呢？

必要的資源

　　有些責任需要特別的資源才能承擔，譬如：金錢、儀器設備、一定的體能，或是特殊的技巧。在決定是否要承擔這一類的責任時，自己本身是否具備所需的資源就會成為重要的考量因素。

　　「不過呢」大橋比薩店的老闆接著說：「下午的那個時段，我們倒是需要送比薩的人手，你有車嗎？」阿烈回答：「我還不到可以考駕照的年紀耶！」

1. 如果要擔任比薩店的送貨員，阿烈缺乏什麼資源？這會如何影響到他是否要承擔這份責任的決定呢？

2. 你是否曾經有過因為要具備某些特殊的資源，而影響到你是否要承擔某項責任的決定呢？

相互衝突的價值和利益

決定是否承擔某項責任時，你想做的其他事情，或是其他重要的價值也會成為影響你做決定的重要考量因素。

阿烈在另一家比薩店（阿諾比薩）找到工作，他在這裡擔任服務生，負責接受客人的點餐、收錢和清理餐桌。有一天，阿烈的好朋友阿湯哥到阿諾比薩來用餐，他點了一客道地美國口味的比薩，當比薩送上來時，阿湯哥對阿烈說：「今天我身上沒帶錢，可是我真的快餓扁了。你是我最好的朋友，請讓我先吃這個比薩，明天我會帶錢來補付帳，好嗎？」

1. 阿烈現在面臨哪些與他的工作的職責衝突的價值或利益？他該怎麼辦？為什麼？

2. 你是否曾經有過在決定是否要承擔某項責任時，必須考量互相衝突的價值和利益的經驗呢？

 其他的替代方案或妥協讓步

有時候我們並不一定要在無法兼顧，或互相衝突的責任、價值或利益間做選擇，因為我們可以想到其他的替代方案來解決眼前的問題。

阿烈對阿湯哥說：「這樣吧，我不能讓你沒付錢就把比薩帶走，但是，因為我們是好朋友，我借你錢，不過你明天一定得把錢還我。今天我就直接用我的錢幫你付帳，這樣，老闆結帳時帳目才不會出問題。」「阿烈，謝謝你！你真的是一個很棒的朋友。」阿湯哥充滿感激的說。

1. 阿烈解決問題的建議是什麼？你有沒有想到其他的解決方法呢？

2. 你是否曾經有過在決定承擔某項責任時，必須考慮其他的替代方案或必須妥協讓步的經驗呢？

請同學運用這六項考量幫助決定是否要承擔責任：

一、緊急程度
二、相對重要性
三、所需的時間
四、必要的資源
五、相互衝突的利益和價值
六、替代方案或妥協讓步

在無法兼顧的數項責任間做選擇

　　請同學閱讀下面的故事，然後分組討論，完成課本第47頁的思考工具表格，並與全班同學分享各組的答案。

經費短絀

「為什麼這些事情會發生在我身上？」黛玲一邊數著從撲滿裡倒出來的錢，一邊對著自己說話，她已經算了一次又一次，不多不少整整三千元。今天早上她看到報紙報導她最愛的牛頭馬面魔鬼樂團即將來這裡開演唱會，明天可以開始訂票，票價從一千元起跳，主辦單位預計不到兩小時票就會賣光。

麻煩來了！因為黛玲上週才答應借三千元給好朋友妮妮修車，妮妮今天得去付錢才能把車拿回來。

黛玲坐下來製作一個和課本第47頁中一樣的表格，來幫助她做最後的決定。在回答表格上的所有問題之後，她又問自己下面的兩個問題：
1. 我該怎麼辦？
2. 為什麼？

你的看法如何？

1. 參考你在思考工具表格所寫的每一項答案，你覺得黛玲會怎麼決定？為什麼？

2. 從你的決定中應該可以看出哪些責任、價值和利益對你比較重要，請說明是哪些價值和責任呢？

3. 為什麼其他人面臨和你一模一樣的狀況時，卻可能做出截然不同的決定呢？

● 課後練習

1. 從報紙或雜誌上找一個關於某個人面對無法兼顧的數項責任、價值和利益而必須做選擇的例子。向全班同學報告你找到的案例。

2. 全班分成數個小組，各組構想一個故事，故事中有面對無法兼顧的責任、價值和利益，以及擁有有限資源的各種人物。在呈現出故事裡的問題之後，請大家發表意見。

與責任有關的思考工具		
（注意）問題7、9、10和11不一定適用於你所要解決的狀況，如果不適用，請在欄中直接寫「不適用」。		
1 （我）有什麼責任？	責任1	責任2
2 這些責任的由來是什麼？		
3 承擔這些責任會得到什麼獎勵？		
4 沒有承擔這些責任會得到什麼懲罰？		
5 承擔這些責任有什麼益處？		
6 承擔這些責任得付出哪些代價？		
7 這些責任有多緊急？		
8 這些責任間的相對重要性如何？		
9 承擔這些責任須花多少時間？		
10 我有承擔這些責任所需的資源嗎？		
11 是否牽涉其他的價值和利益？		
12 有沒有其他可替代的解決方案？		

第八課　在特定情況下，如何解決無法同時兼顧的責任之間的衝突？

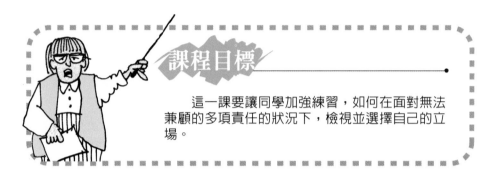

課程目標

這一課要讓同學加強練習，如何在面對無法兼顧的多項責任的狀況下，檢視並選擇自己的立場。

學習術語

兩難困境　希波克拉提斯誓言（Hippocratic Oath）
外科醫生

解決兩難困境

在上一課中，我們檢驗了好幾種人們無法同時承擔所有的責任的狀況，在那些例子中，當事人必須從無法同時兼顧的數項責任中做選擇。但是，有時候之所以無法兼顧是因為責任的內容互相衝突。也就是說：在某些特定情況下，一個人有責任去做某件事情，同時也有責任不去做某件事情，這種狀況稱為兩難困境。下面的案例，就是一位醫生面臨兩難困境的責任衝突的狀況。

兩千多年前，古希臘的希波克拉提斯醫生為醫生們豎立了一項專業的行為典範：「准許我進入醫業時，我鄭重地保證自己要奉獻一切為人類服務；我將我的師長應有的崇敬與感戴；我將我的良心和尊嚴從事醫業；病人的健康應為我的首要顧念；我將尊重所寄託予我的秘密；我將盡我的力量維護醫業的榮譽和高尚的傳統；

我的同業應視為我的同袍；我將不容許有任何宗教、國籍、種族、政治或地位的考慮介入我的職責和病人間；我對人類的生命，自受胎時起，始終寄予最高的尊敬；即使在威脅之下，我將不運用我的醫學知識去違反人道。我鄭重地、自主地以我的人格宣誓以上的誓言。」從此後代所有的醫生在開始執業之前都必須先發誓遵守這項規範，這就是所謂的希波克拉提斯誓言。但是，有時候在現實生活中，誓言裡必須遵循的責任卻會發生互相衝突的狀況。

批判思考 練習

在互相衝突的責任間作決定

下面的故事是根據真實的案例改編的，請仔細研讀這個故事，並和同組的夥伴一起討論，回答後面的問題。

迫在眉睫

就像所有的醫生一樣，林珍珍醫生在拿到醫生執照開始執業之前宣誓遵守希波克拉提斯誓言。她發誓要：「……依據我的專業能力和判斷，為病患做最好的治療……」。林醫生在縣立醫院看診，她非常認真且嚴肅地看待自己身為醫生的使命和責任。

一天晚上，林醫生在急診室值班，救護車送來了一位被車子撞傷、昏迷不醒的人，林醫生立刻為這位病患進行檢查，同時有醫務助理人員檢查這位病患的皮夾，看看能否找到關於病患的身分資料以便連絡病患的家人。醫務助理人員在皮夾中找到一張紙條，寫著：「如果何柏仁受傷的話，請和他的教會聯絡，電話是：（02）765-4321，請絕對不要進行任何醫療程序。」紙條下方是何柏仁的簽名，與皮夾中的駕駛執照上的相片和姓名比對，顯示這位傷患就是何柏仁先生本人。

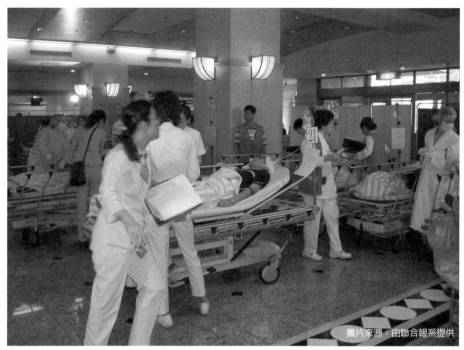

● 在緊急情況中，是否會產生責任間相衝突的狀況？

圖片來源：由聯合報系提供

　　助理人員將這張紙條交給林醫生，林醫生說：「他現在正大量的內出血，如果不立刻開刀，可能無法保住性命。」

　　助理提醒林醫生，病患早有交代碰到這樣的情況時該怎麼處理，「如果他有意識的話，一定會要求我們照著紙條上的話做，他不要開刀。那個教派的信徒都相信醫學上的外科手術會阻礙一個人的靈魂得救。」

　　「我的責任是救人第一，要根據我的專業來判斷，決定怎麼樣對病人最好。準備推他進手術室！」林醫生毫不猶豫的決定。

　　助理把擔架推出急診室時，林醫生再次的盯著那張紙條，開始想：「我是不是該照著紙條上的指示去做？」這是她在醫生生涯中，第一次無法堅定的相信自己的責任到底該怎麼做。

狀況檢驗

1. 在這種緊急情況下，醫生的責任是什麼？

2. 醫生的責任從哪裡來？

3. 醫生們承擔這些責任可能會得到什麼獎勵？如果沒有承擔這些責任，可能會遭受哪些懲罰？

4. 醫生們承擔這些責任可能會產生哪些結果？哪些是益處？哪些是必須付出的代價？

5. 每項責任的緊急程度如何？

6. 這些責任之間的相對重要性如何？

7. 要承擔每項責任各需花多少時間？

8. 要承擔每項責任各需要哪些資源？

9. 承擔這些責任牽涉了哪些價值或利益？

10. 有沒有其他可替代的解決方案？

11. 你認為林醫生該怎麼做？為什麼？

● 課後練習

1. 請同學和老師一起訪問一位醫療專業人員，請教她（他）是否曾經面對責任間相互衝突的情況？請她（他）說明當時整個事件的來龍去脈，她（他）如何做決定，以及什麼是她（他）做決定的主要考量。

2. 想一個你自己或別人面臨兩難困境的狀況，畫一幅圖或寫一篇短文來說明那個事件：當時發生了什麼事情？以及當時做決定時最主要的考量是什麼？

有助於在數項相互衝突的責任間做選擇的思考工具		
（注意）問題7、9、10和11不一定適用於你所要解決的狀況，如果不適用，請在欄中直接寫「不適用」。		
	責任1	**責任2**
1 （我）有什麼責任？		
2 這些責任的由來是什麼？		
3 承擔這些責任會得到什麼獎勵？		
4 沒有承擔這些責任會得到什麼懲罰？		
5 承擔這些責任有什麼益處？		
6 承擔這些責任得付出哪些代價？		
7 這些責任有多緊急？		
8 這些責任間的相對重要性如何？		
9 承擔這些責任須花多少時間？		
10 我有承擔這些責任所需要的資源嗎？		
11 是否牽涉其他的價值和利益？		
12 有沒有其他可替代的解決方案？		

第九課　民意代表該選擇承擔哪一項責任？

課程目標

在這一課中，同學們將進行角色扮演，試著遊說一位美國的國會議員去承擔某些特定的責任。上完這課後，同學們應該要能夠運用所學的思考工具在面對無法兼顧或相互衝突的責任、價值和利益時，衡量、決定並堅持自己的立場。

批判思考 練習

決定並堅持立場

請同學仔細研讀下面的案例，然後遵照文章中的指示，決定所採取的立場。

空軍基地該不該關閉？

時代不斷的改變，強大的蘇聯現在已經解體，長期以來美國和蘇聯間的「冷戰」已經結束，美國似乎應該要縮減軍備和軍事上的開支。許多美國的人民認為政府應該減稅，並且把國家預算花在其他事項上。

美國的軍事基地裁減委員會列出所有應該裁減的軍事基地名單，經總統批准後，把名單送交國會。現在，輪到國會要有所行動了！

這項法案在國會激起了激烈的討論，馬議員在聆聽其他議員辯論時感到

非常難以決定，他知道自己必須表達意見，並投票決定這項軍事基地裁減法案是否應該通過，但是他面臨的是無法兼顧，甚至相互衝突的責任和利益。這項法案一旦通過立法，和他同一政黨的林議員選區裡的一個空軍基地就會遭受被關閉的命運。

那個空軍基地座落於馬議員所在那州的第二大城市裡，為那個城市提供的就業機會遠超過該城市中其他的工作機會，一旦這個基地關閉，整個城市的經濟一定會馬上崩潰，數以千計的人們將成為失業人口流落街頭。

雖然這個空軍基地不在馬議員的選區，馬議員原本就反對開閉這個基地，但他對這個議題並沒有很強烈的立場，因為他的選區屬於那一州較偏遠的區域，選民對空軍基地這件事也不是那麼關切。

不過，對林議員來說，如何能保住這個空軍基地持續開放是第一優先的任務，而馬議員對林議員立場的支持，一部分是出於同一政黨的同僚情誼，另一部分是因為他相信如果他在這件事上支持林議員，日後林議員應該會在其他的議題上回報他。

●當選民間的利益相互衝突時，
民選的官員如何抉擇？

究竟要不要關閉那座空軍基地引起空前熱切的關注，不同利益團體的關切，讓馬議員和其他國會議員們，對於投票的最後結果都感受到沈重的壓力。譬如，上星期馬議員和幾位他所屬的選區裡的政黨俱樂部會員見面，討論地方上的各項事務。這個團體在競選時幫了馬議員很多忙，馬議員希望在下一屆選舉時他們還會一樣的對他鼎力相助。在會談的過程中，那個團體清楚的表達他們希望保留空軍基地繼續開放，而且他們認為馬議員應該要繼續地支持林議員才對。

　　真夠幸運的！這個團體一離開馬議員的辦公室，一位「老年及退休人員協會」的代表就走了進來，那位代表希望能說服馬議員贊成這項軍事基地縮減法案，因為如此一來，人們的稅賦可以減輕。馬議員在競選時也收到這個協會成員不少的捐款，而且他的選區中有不少的選民依靠著退休金的固定收入來過活。

　　馬議員後來又陸陸續續受到下列各團體的拜訪：
　　一、退伍軍人團體：他們堅信馬議員應該要贊成這項法案，因為裁減軍備會使國家的軍隊更有效率。
　　二、馬議員所屬選區的銀行協會：他們反對軍事基地縮減，因為軍事基地有助於地方經濟發展。
　　三、住在空軍基地附近的民眾：他們反對關閉空軍基地。
　　四、贊成裁減軍備的民眾：他們希望能通過關閉空軍基地的法案。

　　馬議員以同樣的專注程度，仔細地傾聽每一個團體的意見。

　　面對這些相互衝突的請求，馬議員沈思著自己的職責。他不只是要對自己選區的選民、支持者、同政黨的同僚們負責任，也要顧及全州以及全國人民的福祉。因為關閉軍事基地可省下的支出極為龐大，對政府預算上的赤字平衡將發生非常大的影響。然而，關閉一座空軍基地對該州第二大城市造成的經濟打擊也不容忽視。身為國會議員，馬議員必須多方考量各項因素，才能做出最妥善的決定。贊成或反對只能選擇其一，他的決定不可能令所有的人都滿意，他也無法承擔來自不同選民、同僚和不同利益團體所期待的所有責任。

●民選的官員有哪些責任？

形成並表達團體的立場

　　把全班同學分成幾個小組，每一組選擇扮演故事中所敘述的一個團體的角色，其中一組要扮演馬議員和他的幕僚人員，準備在每一個團體陳述立場之後提出問題質詢。

　　每一組必須利用第59頁「當選民間的利益相互衝突時，民選的官員如何抉擇的思考工具表」的問題來準備簡報，並且要從各組被指定擔任的角色的立場來回答問題。這張考量表的功用是幫助同學在馬議員現在面臨的無法兼顧的責任之間，辯護自己的立場。各組做好準

●你能提出哪些有力的立論根據，來支持你那一組所主張的立場？

備後，必須輪流上台報告並回答馬議員小組提出來的質疑。

以各組為單位的角色扮演結束後，請每位同學談談自己在這個問題上真正的意見，個人的意見很可能和被指定的角色小組的意見截然不同。

◆ 課後練習

1. 從報章雜誌上找一篇關於立法委員或縣市議員面對無法兼顧、或是互相衝突的責任，卻必須做出決定的新聞，試著去探索那位立法委員做決定背後的理由，然後向全班同學報告你的心得。

2. 邀請一位立法委員、縣市議員或是立法院或縣市議會裡的幕僚人員來學校，讓同學做一篇專訪，請教他（她）下面各項問題：
   (1) 請問哪些是他（她）最重要的責任？
   (2) 請他（她）述說曾經面臨數項相互衝突的責任、價值或利益而必須加以抉擇的經驗。
   (3) 請問當時他（她）做決定時，最主要的考量是什麼？

3. 假想你是馬議員的選民之一，寫一封信給她，說明你覺得她應該投贊成票還是反對票，並說明為什麼。

當選民間的利益相互衝突時，民選的官員如何抉擇的思考工具表	
1 你們這一個團體希望馬議員承擔什麼責任？	
2 承擔這項責任會得到什麼獎勵？	
3 沒有承擔這項責任會得到什麼懲罰？	
4 這項責任從何而來？	
5 承擔這項責任有什麼益處？	
6 承擔這項責任得付出什麼代價？	
7 承擔這項責任有多重要？	
8 承擔這項責任與哪些其他的利益和價值有關？	
9 有沒有其他的可替代或妥協方案？	
10 馬議員該怎麼做？為什麼？	

第四單元：誰該負責？

● 為什麼決定誰該為某個事件或狀況負責很重要呢？

單元目標

　　在「負責」的前三個單元中，我們談到負責是一個人或一些人應盡的義務或必須做的工作。

　　這一單元裡，我們要用「責任」這個詞來判定事件或狀況發生的原由。這一單元也會提供一組思考工具用來衡量及決定誰應該為某個事件或狀況「負責」，也就是誰該因此而受獎勵或是被責難。

第十課　為什麼必須知道誰該負責？

課程目標

　　這一課中，同學們將檢視為什麼我們必須判定誰該為某件錯誤或某項成就負責，也將學到在複雜的情況下要做出如此的判定會遇到的各種困難。

　　上完這一課後，同學們必須能夠說明人們為什麼要判定責任的歸屬，以及做這些判定時常遇到的困難。

為什麼必須知道誰該負責？

我們常常想判定誰該為某件事情負責任是因為：

一、想獎勵有好行為或造就好結果的某個人或某些人。
二、想懲罰導致錯誤或傷害的某個人或某些人。
三、為導正我們日後的行為。

下面的例子可以說明為什麼必須判定誰該為某個事件負責任。

1. 棒球隊的隊長認為大偉是昨天晚上比賽勝利的關鍵，因為大偉擊出的安打讓隊友奔回本壘得分，使他們贏得這場賽事。

   在這個事件中，判定大偉該為這場球賽的勝利負責是為了要獎勵他，譬如要頒發給他「最有價值的球員」的獎盃。

2. 法官判定小黛必須為阿明的手臂骨折負責任，因為她故意把阿明從腳踏車上推下來。

   法官要求小黛支付阿明的**醫療費用**，或受某種形式的處罰，是為了要懲罰小黛，因為小黛的錯誤行為致使阿明的手臂受傷。

3. 某一個委員會接受一項任務，要研究為什麼光明區裡面國中三年級的學生的閱讀
   能力只有國小六年級的程度。委員會的研究報告指出學生們本身要負部分責任，
   因為他們平時的閱讀太少；其次，光明地區的教育當局也要負部分責任，因為他
   們沒有規劃任何的補救計畫，或是提供受過特殊教育訓練的師資。

   委員會做這項責任歸屬認定的目的是為了導正日後的行為，譬如要求教育主管當
   局提供補救教育的計畫、提供特教師資，以及確實督促學生們更認真的閱讀……
   等等。

   有時候要決定誰該為某個錯誤或成就負責並不困難，但是，有時候要找出誰該
   負責卻沒有那麼容易，下面的故事可以用來說明一些很難決定責任歸屬的情況。

決定誰該負責

請同學分組討論下面的每一種情況，向全班同學說明討論的結果，並回答後面的問題。

撞車事件

一大清早，夏小姐開著她的小跑車在住宅區的小巷道中閒逛。這時，喬先生正從車庫裡倒車出來要上馬路，因為在路邊轉角停了一輛小貨車擋住了他的視線，喬先生完全看不到其他來車，夏小姐一面聽著音樂一面注意到有一隻貓正要穿越馬路，卻完全沒看見喬先生的車子正從路的另一邊倒退出來，當她發現時已經來不及了，兩輛車就這麼撞在一起。

你的看法如何？

1. 你覺得誰該為這次的撞車事件負責任？

2. 你為什麼這麼認為？你考慮哪些因素？

停車場興建計畫

　　海村縣的人民正要對一項停車場的興建計畫進行公投。這項計畫是要授權縣政府在沿著山邊的海岸購買土地、開發建設和維護一座佔地1.5平方公里的大型停車場。

　　許多團體熱心的支持這項計畫，不但捐了很多錢作為宣傳活動的基金，並在大大小小的媒體雜誌上刊登文宣，強力的鼓吹社區成員們投贊成票。很多人以個人的名義捐款參與這個宣傳活動，還有一些人則是志願擔任義工，挨家挨戶拜訪拉票、在購物中心分發傳單或是郵寄文宣資料。馬小姐是整個宣傳活動的籌備主任，六個月以來，她更是和其他全職的六位職員一樣，每天不眠不休的工作十八小時以上。

　　投票的那一天終於到來，民眾的投票率異常的高，結果這項法案獲得55％的贊成票通過。

1. 興建停車場的法案獲得通過，誰承擔的責任最多？請按承擔的責任從多到少加以排名。

2. 你自己怎樣做決定？你會考量哪些事情？

　　誠如上面的例子所顯示的，在很多情形下要判定誰該為某件成就或某個錯誤負責非常困難。在那樣的情況中，要能做出深思熟慮又合理的判定，就必須借重思考工具的幫助，也就是利用一組問題來帶領我們做有系統的思考。下一課會介紹給同學一些有助於判定誰該負責任的思考工具。

課後練習

1. 請同學在報章雜誌上找幾個認定某個人該為某項成就或某個錯誤負責的案例，然後寫成一個短篇報告，說明這些案例最後歸責認定的理由。

2. 請同學訪問家人或鄰居，請他們就下面的幾個狀況表達意見：當事人是否該負責任？請受訪者說明他們的理由，然後和自己的想法做比較。
   (1) 老崔窮到三天三夜沒吃東西，他實在餓得受不了，於是跑到超級市場偷了一些麵包。
   (2) 小凱相信莎莎是外星人，到地球來的目的是要綁架他，於是他趁人不注意時拿刀殺死莎莎。
   (3) 四歲的小剛用庭院裡的水管幫爸爸洗車，車子外面沖洗乾淨後，他把水管從車窗伸進車子裡面，把車子的腳踏墊都弄壞了，得全部換成新的。

MEMO

第十一課　哪一些思考工具有助於決定責任歸屬？

課程目標

這一課要介紹一組思考工具，幫助我們決定誰該為某個成就或某項錯誤負責任。同學們上完這一課後，應該要能夠運用這些思考工具決定責任的歸屬。

學習術語

心理狀態　故意　輕率　過失（不小心）
能認知可能發生的結果　控制或選擇

① 哪一些思考工具有助於決定責任歸屬？

不論在學校、社區、企業以及政府機關裡，每個人每天都要面對決定責任歸屬的問題，有時決定誰該為某件事負責任很容易，但是有時要做出合理、公正的決定卻相當困難。

下面介紹的這些思考工具可以幫助大家藉由有系統的理性思考，來決定誰

該為某個事件負責任。前三項思考工具常常能幫助我們分析為什麼某個人或某些人應該為某項成就負責任。而當我們在決定誰該為某項錯誤負責任時，則往往必須運用全部的思考工具。

 這裡的錯誤或傷害為何？

思考的第一步是先確定發生了什麼事件或情況，譬如：我們想確定有人該負責任的狀況或事件是：

1. 車禍事件
2. 發現治療某種疾病的新方法
3. 足球隊贏得全國冠軍
4. 學校裡發生了破壞公物事件

 有哪些人牽涉在內，哪些人可能要為已發生的這件事負責任？

一旦確定是哪一個事件或情況，就可以列出可能要為這個事件或情況負責的人的名單，以第十課中的「撞車事件」為例，可能要負責任的人有：

1. 開著跑車閒逛的夏小姐
2. 正要倒車出來的喬先生
3. 把小貨車停在路邊轉角阻擋了喬先生視線的人
4. 把貓放出來亂跑，害夏小姐開車分心的人

 每個人被認為該為這個事件或情況負責任的理由是什麼？

一旦列出所有可能該為這個事件或情況負責任的候選人的名單之後，我們必須評估每個人的行為對這個情況或事件產生了什麼影響。也就是說每一個人的行為是否是導致這個事件或情況發生的主要原因之一？如果這個人沒有這麼做的話，是不是事情就會變得不一樣呢？再以第十課中的「撞車事件」為例，我們可以說這個意外事件是因為：

1. 夏小姐開車不專心
2. 喬先生沒有先確認路況是否安全就倒車
3. 把小貨車停在路邊轉角阻擋視線的人
4. 貓主人沒有把貓管好，讓牠到處亂跑害夏小姐分心

（四） 這個人的行為是否違背或未能遵守他（她）應有的義務或職責呢？

在確定每個人的行為如何對事件或狀況造成影響之後，下一步便是要衡量這個人是否有義務或職責不那麼做，換句話說，就是那個人的行為是否違背或是未能遵守他（她）應有的義務或職責，以及他（她）是否因此該為自己的錯誤感到愧疚？同樣以第十課裡的「撞車事件」來說明：

1. 夏小姐可能違反遵守交通規則的義務──應該要小心開車以維持交通的安全。
2. 喬先生違反應先確認道路狀況再進入馬路的義務。
3. 除非是違法停車，或是沒有注意到停車的地點容易造成危險，否則把小貨車停在路邊轉角的人，並沒有違反交通安全的注意義務。
4. 讓貓跑到馬路上的貓主人，並沒有違反任何義務或職責，因為沒有人規定貓一定，要養在屋內，或是要用鏈子拴起來。

（五） 當那個人的行為造成某個狀況或事件時，他（她）的心理狀態如何？

要回答這個問題，我們必須考慮以下各點：

1. 故意：那個人（或那些人）是否企圖或是存心要使這個事件或狀況發生呢？換句話說，他（她）是故意的嗎？
   譬如：有些車禍是因為駕駛人故意去撞別人的車子。
2. 輕率：是因為那個人（或那些人）輕率的行為而導致這個事件或情況發生嗎？輕率是指明明知道有危險卻故意忽視可能會發生的災害。
   譬如：在熱鬧的市區街道上以九十公里的時速飆車。
3. 過失(不小心)：是否因為那個人（或那些人）的不小心或過失而導致這個事件或狀況發生呢？不小心或過失是指能夠預期可能發生的危險或傷害，卻沒有付出應有的注意，也就是沒有以合理的關注去避免傷害自己或他人。
   譬如：讓年幼的孩子單獨留在車內。
4. 能認知可能的結果：那個人（或那些人）是否知道或應該要知道他（他們）的行為可能會產生的結果？能認知可能的結果意味著知道自己這樣做的話，會導致哪一類的事情發生。

為什麼在決定責任歸屬時必須先了解行為人的心理狀態呢？因為一個人的心理狀態會影響我們如何來評估他的行為。仔細想想下面的例子：

例(1)：阿烈發生車禍，在下面幾個不同的狀況下，會不會有不一樣的結果？

　　1. 阿烈是存心要去撞對方（故意）。

　　2. 阿烈喝醉酒還開車，才會撞上別人的車（輕率）。

　　3. 阿烈沒注意路口有閃紅燈，所以沒有停下來確定可以通過，因而撞
　　　上另一輛車（過失）。

例(2)：珊珊用打火機燒窗簾，引起火災，整棟房子被燒得精光。在下面幾個
　　　不同的情況下，這件事是否會有不同的結果？

　　1. 珊珊才兩歲大（沒有認知行為可能造成結果的能力）。

　　2. 珊珊十歲大，她認為自己可以把火撲滅（輕率的行為，但是有認知
　　　行為可能造成的結果的能力）。

　　3. 珊珊是三十歲的成人，她想要得到房屋火險的保險金（故意的行
　　　為，完全知道行為可能造成的結果）。

● 為什麼在決定一個人
　是否該負責任時，
　必須考量他（她）
　的心智狀態呢？

 這個人（或這些人）能控制自己的行為嗎？他（或他們）有其他的選擇嗎？

　　如果無法控制或是在沒有其他選擇的情形下而做了什麼事，行為人往往無
法對自己所做的事負責任。譬如：

　　1. 珠珠到銀行存錢，正巧碰到一群蒙面歹徒來搶銀行，他們用槍頂著珠
　　　珠的背，要珠珠開車幫助他們逃逸。

2. 在學校裡，阿湯下樓時在樓梯間被小治撞到而跌倒，就在他一路向下跌時又
   撞到美美，害美美也跌倒扭傷了腳踝。

 這個人或這些人這麼做是否是為了更重要的價值、利益或責任呢？

　　有時候為了維護更重要的價值、利益或其他責任，可以免除我們對某一個
行為負責。譬如：

　　1. 鄰居家著火了，阿雄為了救三個被困在裡面的小孩，毫不考慮就破門
　　　　而入。
　　2. 戲院發生火災，工作人員打昏一位歇斯底里、驚聲尖叫的觀眾，然後
　　　　冷靜地引導所有觀眾有次序地從緊急出口逃生。

運用思考工具來決定責任歸屬

　　從以上的課程中，我們知道要能運用課後練習的思考工具並不容易，下面是一個實例，看看大家能否運用本課中的思考工具表來決定誰該為這個意外事件負責任呢？

> 　　小馬和好朋友皮皮在餐廳裡排隊等著買中餐，他們倆一邊等一邊比手畫腳地聊天，排在他們前面的大雄哥拿著餐盤轉身正要離開的時候，小馬一個沒站穩撞到皮皮，皮皮倒向大雄哥，造成大雄哥手上的餐盤掉下來，食物全灑在地上。皮皮認為小馬是故意撞他，小馬則辯解自己是一時腳滑才跌倒，究竟誰該為這個意外負責呢？

有助於決定責任歸屬的思考工具表				
1 發生了什麼事件或狀況？				
2 哪個人或哪些人被認為該負責任？	第1個人	第2個人	第3個人	第4個人
3 每個人被認為該為這個事件或狀況負責任的理由為何？				
4 每個人是否有違背或未遵行某項義務或職責？				
5 每個人的心理狀態如何： a.故意的嗎？ b.行為輕率嗎？ c.是過失（不小心）的嗎？ d.能認知可能的結果嗎？				
6 每個人能否控制自己的行為？他可以不那麼做嗎？請說明。				
7 每個人的行為是否是要維護更重要的價值、利益或責任？				

➤ 課後練習

1. 邀請一位律師或法官，來班上和同學分享他們在決定責任歸屬時會考慮哪些因素？

2. 協助安排全班到法院參觀並旁聽一場審判。這場審判是否決定了誰該為某個事件負責任呢？那是怎麼樣的一個事件？法庭用到了哪些思考工具？
   (1) 原因
   (2) 義務或職責
   (3) 心理狀態
   (4) 控制或選擇
   (5) 重要價值、利益和責任

請同學和大家分享個人的心得。

第十二課　誰該為這個意外事件負責？

課程目標

在上一課中，同學們學習了在特定的情況下檢驗哪些思考工具可以用來決定誰該負責任。這一課裡，同學們將學到在一個牽涉到好幾個人的狀況裡，如何運用思考工具來決定究竟誰該負責任。

決定責任歸屬

下面是一個關於一位木工師父在工作時受傷的故事，請同學仔細研讀故事內容。把全班分組，討論並完成課本第79頁的思考工具表，然後向全班報告各組的結論——誰該為詹師父手臂受傷負責任呢？

工作中的意外事件

7月16日，詹師父在工作時弄傷了自己的左手臂。整件事情是：詹師父在光明木器工廠，操作一台新購置的桌上型電鋸時鋸斷了左手臂，因而在醫院住了好幾個星期，必須支付鉅額的醫療費用。

意外發生後，醫療保險公司的調查員訪談了好幾位木器工廠裡的工作人員，得到下面的各項資訊。

在意外事故發生時，詹師父正在使用電鋸處理一片八呎長的紅木板。詹師父在光明器廠工作已經超過二十年了，是一位資深的木工，操作電鋸的技術很純熟。不過，他有一個習慣，就是在使用電鋸時，不喜歡加裝應該裝在機器上的安全保護裝置，這種保護裝置的目的是要確保電鋸的使用者和鋸片間保持安全的距離。工廠的安全法規規定：每個使用電鋸的人都必須加裝安全裝置。然而，詹師父總認為這個安全裝置礙手礙腳而不肯用，發生意外的那一天也一樣。

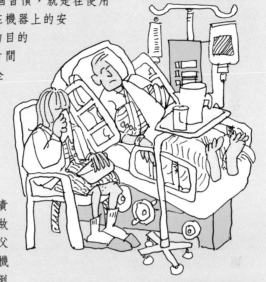

顧先生在光明木器廠負責操控堆高機，在發生意外事故的那天，顧先生正好在詹師父和電鋸的旁邊操控堆高起重機搬運貨物，因為顧先生向後倒車造成電鋸傾斜滑向詹師父，

●為什麼決定誰該為一項意外事件負責任很重要？

詹師父來不及閃避才被電鋸鋸傷。顧先生承認：當時他在打瞌睡。事發當天的中午休息時間，他因為背痛去看醫生，醫生給了他肌肉鬆弛劑，並告誡他下午應該休息，因為肌肉鬆弛劑會讓他昏昏欲睡。然而，顧先生因為最近工作進度嚴重落後，讓老闆很不高興，他很擔心自己會被開除，所以根本不敢請假，下午雖然頭暈暈的，他還是勉強繼續工作。

白老闆是光明木器廠的老闆也是工廠的經理，向安心機械工廠買這一型特殊的電鋸就是他的決定。電鋸送來的時候，附有裝置說明書和注意事項，說明應該如何把整台電鋸連同檯面用螺栓固定在地上。但是，白老闆並沒有把電鋸檯鎖緊固定，他認為電鋸的重量就足以讓整台電鋸穩固，不用再加栓鎖定。

葛小姐是安心機械工廠的檢查員，她負責售後服務，確保所有安心機械工廠賣出去的機器都正確安裝並順暢運作。在意外事故發生的三天前，葛小

姐本來預定要去光明木器工廠檢查那台電鋸的安裝情況。但是，那天她的行程排得很緊湊，一下班就要趕搭飛機去渡假，她想自己只休假一星期，乾脆休假回來再去光明木器工廠檢查就可以了。因此，在意外發生前，她完全沒有檢查過這個電鋸的安裝情形。

你的看法如何？

1. 請把所有的資訊依序填入課本第79頁的表格中，然後仔細考慮，你認為誰該為詹師父所發生的意外負責任？為什麼？

2. 在這樣的情況下，為什麼決定誰該負責任很重要？

⟶ 課後練習

1. 請同學在報章雜誌上找一篇類似課文中意外事件的報導，依照課文的指示做成表格，然後向全班同學報告個人的分析、研究結果。

2. 邀請一位律師或法官來班上和大家討論這個案例或是類似的案例。

有助於決定責任歸屬的思考工具表				
1 發生了什麼事件或狀況？				
2 哪個人或哪些人被認為該負責任？	第1個人	第2個人	第3個人	第4個人
3 每個人被認為該為這個事件或狀況負責任的理由為何？				
4 每個人是否有違背或未遵行某項義務或職責？				
5 每個人的心理狀態如何： a.故意的嗎？ b.行為輕率嗎？ c.是過失（不小心）的嗎？ d.能認知可能的結果嗎？				
6 每個人能否控制自己的行為？他可以不那麼做嗎？請說明。				
7 每個人的行為是否是要維護更重要的價值、利益或責任？				

第十三課　誰該為這項成就負責？

課程目標

　　我們想要確定責任的歸屬，常常是因為要懲罰某個人或是避免任何人再犯錯。然而，有時候我們想要確定某個人該負責任，是為了要肯定他所做的事情，或是想要獎賞他的行為。這一課要幫助同學們學習衡量和決定某項成就，應歸功於誰。

批判思考 練習

決定責任歸屬

　　下面是關於興建老人安養之家的故事，請同學們仔細閱讀，然後分成小組回答後面的問題。

老人安養之家

　　杜小美是自強高中的學生，有一天她看到晚間新聞的一則報導，感到非常難過。

　　新聞主播說：「隨著愈來愈多的平價公寓準備轉型成為高價位的套房，愈來愈多靠政府補助過日子的老人們將無處可居，市議會的議長雷先生今天

告訴本台的記者，市政府未來沒有足夠的財源來資助或安置這些無家可歸的老人，以幫助他們安享天年。」

　　晚上，小美寫信向學校的刊物投書，她在信中指出社區老人們的悲慘景況是整個社區的恥辱，對這些為國家、社會奉獻一生心力的老人們實在極不公平。如果市政府缺乏足夠的資源來幫助這些老人，小美建議自強高中的學生們應該走入社區來幫忙他們尋找資源。

　　小美的投書刊登出來之後，許多學生受到感動，嘗試用各種方式想要幫助社區裡的老人們。一百多名學生聚在一起討論大家能為老人們做些什麼，並成立了好幾個工作委員會：一個委員會負責狀況調查，確認實際的狀況有多麼地嚴重，也就是這個城市裡總共有多少老人無家可歸；一個委員會負責公關

的工作，學生們知道如果他們想要動員社區的資源投入幫助解決老人們的問題，就必須讓整個社區的人們明瞭老人們的狀況；一個委員會負責規劃籌募基金的各項活動，另外還有一個委員會則負責規劃募款所得該如何運用，希望能適切地解決社區老人們的安家問題。

　　接下來的兩個月裡，學生們完成了好多工作，包括拜訪房地產專家和老人們。狀況調查委員會確認大約有三百名老人需要住處，而他們能夠負擔的房屋租金平均是每個月7,500元。負責公關事務的委員會也克盡其職，在當地的報紙上發表許多文章，並在電影院門口和購物中心分發宣傳單。

由於大家的努力，激勵了很多民眾也都來幫忙，鍾小姐是一位房地產開發專員，她成功規劃過很多公寓轉型成套房的計畫，她感覺到自己有義務要來幫忙，於是提供了一些尚未開發的土地資訊，讓市政府得以用很低的價格承購用來興建平價公寓出租給老人們。何先生是一位建築師，他主動表示願意免費為老人們設計規劃新的公寓。

學生們籌募到的基金可以協助購買一些材料，其他的費用則有賴於當地企業的捐款。市政府同意負擔承包商和設備的費用，現在唯獨缺少經驗豐富與技術純熟的工人。

興建老人安養公寓大約需要六個月的時間。而建築工人當然不可能義務工作六個月而不領薪水，但是，有些建築工人表示如果市政府可以找到沒有經驗的工人們來工作的話，他們願意每星期撥出一天的時間，義務教導那些沒有經驗的工人。

不久之後，事情有了突破性的發展，小美接到一通特別的電話，那是郊區的一所監獄的典獄長打來的，那個監獄裡收容的都是屬於犯罪情節較輕的受刑人。獄中一位受刑人馬先生看到了報紙上關於學生們如此熱心的報導，深受感動，於是說服了其他近六十位的受刑人願意提供勞務來協助興建老人公寓。

一年之後，小美在「白橡樹老人安養之家」的啟用典禮上，開心地接受新聞媒體的訪問。

你的看法如何？

1. 請同學列出應該為這項成就負責的個人或團體。

2. 如果由你來頒獎給最有貢獻的人，你會頒獎給誰？如果請你頒獎給最有貢獻的前三名，你會選哪三個人或團體？為什麼？

● 課後練習

1. 請同學在報章雜誌上找出某個頒獎典禮的報導，並找出能夠獲得那個獎的標準或準則。

2. 請全班同學一起合作，找出學校所在的社區裡的一個問題，然後討論如果要解決這個問題，同學們怎麼做才能引起社會的關注並能獲得幫助？請將討論後的結果以圖表的方式來呈現。（註：請參照老人之家案例中的規劃提出說明）

第十四課 誰該為國王被謀殺負責？

課程目標

這一課要讓同學們用莎士比亞名劇馬克白的謀殺案故事，來練習尋找責任的歸屬，並利用故事中的狀況，演練運用各種思考工具。

誰該為這個謀殺案負責任？

請同學仔細閱讀下面的故事，這個故事是依據莎士比亞的劇作馬克白改寫的。然後請同學分組討論並回答課本第88頁「思考工具」的問題，並和全班同學分享各組的答案。

國王之死

一天清晨，蘇格蘭軍隊的將軍馬克白在歷經了長久的征戰和長途跋涉之後，終於回到自己的故鄉。他和他率領的軍隊獲得了大勝利，但是，所有的勝利都比不上他在回家的途中遇到的事情更令他振奮，他迫不及待地想要把那件事告訴他的妻子。一回到自己的城堡，馬克白立即衝到樓上妻子的房間。

他興奮地說：「親愛的，告訴你一個消息，在回家的路上，我碰巧遇到三個非常奇特的女巫，他們對我說了一個令人著迷的預言。」

馬克白大大地喘一口氣，接著說：「他們說在不久的將來，我會變成國王，我以前就聽說這些女巫具有神祕的預知能力，能準確地預見未來的事。可是，我還是很難相信他們說的話。除非現在的國王，也就是我的堂弟道肯死了，我才可能有機會繼承王位，可是，他比我年輕那麼多，怎麼可能？」

馬克白夫人豎著耳朵仔細聆聽，她是一位野心勃勃的婦人，一直渴望能成為皇后；如果有任何可能，她絕對會無所不用其極地讓丈夫當上國王。於是，她開口說話了。

●威廉‧莎士比亞 (1564-1616)

「親愛的，你本來就應該是國王！現在是我們運氣來的時候了。國王今天晚上要來我們這裡，讓我們殺了他吧。如果那些女巫的預言是那麼準確的話，你就會被任命為下一任國王。」

馬克白聽了妻子的話後感到很猶豫，他一點兒都不喜歡謀殺國王這個主意，但是妻子的話對他影響很大。最後，因為馬克白內心畢竟也有想當國王的強烈慾望，促使他終於點頭答應謀殺國王。

那天晚上，道肯國王果然來到他們的城堡，馬克白夫婦使出渾身解數殷勤地款待國王。吃過豐盛奢華的晚餐之後，國王決定回房間就寢，並派了兩名侍衛站在寢室的門口保護他。

夜半時分，馬克白夫人緊張地跑去告訴丈夫：「時候到了，侍衛們也都睡著了！」這時，馬克白有點反悔了，他開始稱讚國王的為人仁慈，表示他不想殺害這樣的一個好人。

馬克白夫人卻不斷地催逼丈夫，甚至用激將法嘲笑丈夫膽怯無能。她再三地向丈夫保證大家一定會認為是侍衛謀殺了國王，謀殺的罪必定不會落在他們身上，最後，她說：「馬克白，難不成你要放棄這個成為國王的唯一機會嗎？去吧，這是你的劍！」

馬克白接過自己的劍，疾風似地穿過熟睡的侍衛身邊進入國王的寢室，他沒有再多想，一劍刺入睡夢中國王的心臟，然後迅速地回到妻子身旁。馬克白夫人拿起沾滿鮮血的劍回到走廊，悄悄地把劍放在侍衛的旁邊。

第二天早上，當這件罪行被發現的時候，馬克白夫婦假裝很震驚並表現得非常哀傷，兩個人異口同聲地的指控一定是侍衛殺了國王。

你的看法如何？

1. 你認為誰該為國王被謀殺負責任？如果不只一個人該負責的話，他們的責任都相等嗎？為什麼？

2. 你認為故事中有沒有誰不必為國王的死負責？為什麼？

角色扮演刑事被告的律師

請同學們假想自己是律師，由各組來負責擔任下列各個角色的辯護律師：

■ 馬克白
■ 馬克白夫人
■ 國王的侍衛
■ 三名女巫

請各組的律師們就道肯國王謀殺案中的各當事人準備一篇辯護詞，並選一位發言人向全班同學報告，各組報告完畢之後，請同學用第86頁「你的看法如何？」中的問題來討論這個案子。

課後練習

1. 假想自己是馬克白、馬克白夫人，或是國王的侍衛之一，寫一封信給報紙的主編，說明你該不該為這個謀殺案負責？為什麼？

2. 再讀一次馬克白的故事，然後演出戲劇中的一幕，說明責任的相關議題。

3. 邀請一位法官或律師來學校或班上，向同學講述一個關於某個人是否該為某件犯罪案件負責任的實例，請他（她）說明如何決定責任的歸屬，以及應該考量哪些因素？

4. 請每位同學寫一篇關於某個人或某些人要為某個事件負責任的短篇故事，由老師選二到三篇影印給全班同學，讓大家分組討論，依照第十一課中的方法來決定故事裡有沒有誰該負責任，然後和其他同學討論各組的答案。

決定責任歸屬的思考工具表				
1 發生了什麼事件或狀況？	道肯國王被謀殺			
2 哪個人物或哪些人物被認為該負責任？	人物1： 馬克白	人物2： 馬克白夫人	人物3： 國王的侍衛	人物4： 三名女巫
3 每個人物被認為該為這個事件或狀況負責的理由為何？				
4 每個人物是否違背或未遵行某項義務或職責？				
5 每個人物的心理狀態如何： a.故意嗎？ b.行為輕率嗎？ c.過失（不小心）嗎？ d.能認知可能的結果嗎？				
6 每個人物能否控制自己的行為？他可以不那麼做嗎？				
7 每個人物的行為，是否是為了要維護更重要的價值、利益或責任？